A. DE SAINT-LÉGER
Professeur d'Histoire de Lille et des Provinces du Nord de la France
à l'Université de Lille

LILLE

SOUS LES

Dominations Autrichienne et Espagnole

(PREMIÈRE PARTIE)

Leçons rédigées par Aristote CRAPET

LILLE
IMPRIMERIE G. DUBAR & Cie, 8, GRANDE-PLACE
—
1910

A. DE SAINT-LÉGER
Professeur d'Histoire de Lille et des Provinces du Nord de la France
à l'Université de Lille

LILLE

SOUS LES

Dominations Autrichienne et Espagnole

(PREMIÈRE PARTIE)

Leçons rédigées par Aristote CRAPET

LILLE
IMPRIMERIE G. DUBAR & Cie, 8, GRANDE-PLACE
—
1910

DES MÊMES AUTEURS :

LILLE *AU MOYEN AGE*, Lille, Dubar, 1908, petit in-8, **2** fr.

LILLE *SOUS LA DOMINATI N DES DUCS DE BOURGOGNE*, Lille, Dubar, 1909, petit in-8, ... **2** fr.

INTRODUCTION

LILLE VERS 1482

Retour sur le passé de Lille : les destinées de Lille et de la Flandre wallonne; Lille, capitale des ducs de Bourgogne. Le maintien des privilèges. — La situation à la veille de la domination autrichienne. L'histoire de Lille au XVIe siècle.

Lille doit son origine, comme centre urbain, à la juxtaposition d'un castrum et d'un forum. Place de guerre située près de la frontière, elle devait voir souvent sous ses murs des troupes françaises ou flamandes. En 1128, sa résistance aux troupes françaises arrête les projets de Louis VI ; en 1213, Philippe-Auguste s'en empare : c'est l'année terrible ; lors des démêlés entre la Flandre et la France, au temps de Philippe le Bel, elle est prise par les Français, en 1297 ; reprise par les Flamands, en 1302, et les Français y rentrent, en 1304. Pendant une soixantaine d'années, Lille et la Flandre wallonne sont réunies à la France. En 1369, Philippe le Hardi épouse la fille du comte Louis de Male et lui apporte, comme cadeau de noces,la Flandre wallonne, qui faisait ainsi retour au comté.

La Flandre wallonne apparaît alors distincte, par la langue et par l'attitude politique, du reste de la Flandre. Elle respecte toujours les comtes, et cette soumission attire la bienveillance des comtes de Flandre, ducs de Bourgogne, sur Lille, qui devient pour eux une véritable capitale. Philippe le Hardi y organise la Chambre du Conseil de Mgr le Duc, origine de la Chambre des Comptes. Philippe le Bon y possède plusieurs « résidences » : le vieux palais de la Salle, l'hôtel de la Poterne, le Palais de Rihour ; il y tient, en 1431, le premier chapitre de la Toison-d'Or, qu'il vient de créer ; il y donne, en 1454, le fameux banquet du Vœu du Faisan. Lille connaît de grandes fêtes : la procession, la foire, la fête du noble roi de l'Epinette. La ville n'a pas à se plaindre, à ce point de vue, des ducs de Bourgogne.

Ses privilèges étaient respectés. Les ducs prêtaient le serment de maintenir ses franchises avant de recevoir le serment des bourgeois de Lille. Il en fut ainsi sous Philippe le Hardi et ses successeurs. Le Magistrat fit confirmer les privilèges à différentes reprises, par Charles V, Louis de Male, Charles VI. Il défendait avec vigueur son droit de justice contre les officiers du prince, contre les juridictions ecclésiastiques, contre les gouverneurs.

Les gouverneurs prétendaient recevoir l'appel des jugements des échevins. Une occasion fréquente de conflit était ce qu'on appelait les cas réservés, que les officiers du comte multipliaient sans cesse. De même, des différends surgissaient à propos de la compétence territoriale des baillis et des échevins.

Les échevins étaient aussi en conflit avec le chapitre de Saint-Pierre, qui prétendait avoir la juridiction sur ses hôtes, et emprisonnait parfois des bourgeois de Lille ; en 1365, les bourgeois de Lille brisent les portes de la prison du chapitre de Saint-Pierre pour délivrer un boucher qui y est détenu ; l'affaire va jusqu'au Parlement de Paris, qui donne tort aux bourgeois ; les inculpés, Jean le Chiboleur en tête, doivent faire amende honorable et aller en pèlerinage ; le Magistrat est contraint de désavouer par lettres leur conduite. En 1451, dans un autre conflit, c'est le chapitre qui, cette fois, est obligé de reconnaître ses torts.

Il y avait encore de nombreux conflits avec l'officialité de l'évêque de Tournai. Pour jouir des privilèges de cléricature, beaucoup de gens se faisaient recevoir clercs et se soustrayaient ainsi à la juridiction de l'échevinage qui prétendait maintenir ses droits ; en 1438, l'évêque de Tournai fait condamner des bourgeois de Lille, mais en 1439, Charles VII fait défendre à l'officialité de troubler les échevins dans la jouissance de leurs droits.

Parmi les privilèges les plus importants que le Magistrat parvint à défendre, était le privilège de non-confiscation. Le livre Roisin porte que : « Nul ne peut fourfaire le sien (ce qu'il possède) avec le corps », et en 1241, le privilège est confirmé par le roi, même dans le cas où la personne s'est suicidée, ce qui est considéré comme le plus grand crime. En 1429, la question se pose sur le fait de l'hérésie : Philippe le Bon déclare que la confiscation n'a pas lieu dans la châtellenie de Lille, mais que le crime d'hérésie est « non-pareil à quelque autre fourfaiture». La question n'est pas tranchée en principe au XVe siècle, mais en fait, le privilège est respecté.

*
* *

Le respect des Lillois pour les comtes de Flandre et leur soumission avaient eu pour résultat le séjour fréquent des ducs de Bourgogne dans la ville et le maintien des privilèges locaux. De plus, le commerce et l'industrie se développèrent considérablement.

La draperie se relève au XVe siècle, après les ruines de la guerre de Cent ans : deux branches nouvelles de cette industrie, la sayetterie et la bourgeterie s'introduisent à Lille. Le commerce de l'alimentation et celui de l'argent exercé par les « lombards » sont devenus d'importantes sources de richesse pour la ville.

Les artistes ont de très nombreuses commandes ; les églises augmentent leurs ressources artistiques. Le tombeau de Louis de Male, dû à Jacques de Gérines, dit Copperslagher, s'élève dans la chapelle de Notre-Dame-de-la-Treille, grâce à Philippe le Bon. L'hôpital Comtesse est reconstruit. La Halle échevinale est restaurée et transformée. Le Palais de Rihour est édifié.

Toutefois, il ne faut pas se laisser tromper par cette apparence de splendeur. Lille n'a ni voirie, ni pompiers ; sa police est insuffisante. La ville est administrée par un échevinage qui néglige les intérêts des habitants, qui festoie à leurs frais et les accable d'octrois dont il s'exempte. On aboutit à la banqueroute et à l'emprunt forcé. La politique des ducs est en partie responsable de cette situation : ils ont eu souvent recours aux finances de la ville ; les guerres ont été fréquentes et ne sont d'ailleurs pas terminées le 27 mars 1482 quand Lille passe sous la domination autrichienne. A cette date, le fils de Marie de Bourgogne, Philippe le Beau, à quatre ans et son père, Maximilien d'Autriche, va gouverner à sa place.

La paix signée à Arras avec Louis XI, le 23 décembre 1482, va être de courte durée. Les grandes cités, Gand et Bruges vont profiter de la minorité de Philippe le Beau pour se révolter, et Lille sera entraînée dans la lutte. Puis, la guerre va éclater, interminable, entre la France et l'Autriche pour l'hégémonie en Europe, et Lille en subira les conséquences. Enfin, la Réforme qui rencontrera de nombreuses sympathies dans la région, causera des troubles; mais Charles-Quint et Philippe II, les soldats du duc d'Albe et les inquisiteurs extermineront ou chasseront les hérétiques et ramèneront Lille et la Flandre wallonne sous l'autorité catholique romaine.

Les historiens de Lille, particulièrement DERODE et VAN HENDE, sont insignifiants sur cette période si intéressante de l'histoire de notre ville.

I

LILLE SOUS PHILIPPE LE BEAU

LA GUERRE DE MAXIMILIEN CONTRE LES FRANÇAIS

L'entrée à Lille de Marguerite. La révolte des Flamands. Maximilien cherche à s'attacher le Magistrat de Lille.— La guerre avec la France. Situation déplorable de la Flandre.

La fille de Charles le Téméraire mourut le 27 mars 1482. Ce fut un malheur pour la Flandre. Elle laissait trois enfants en bas âge, Philippe le Beau et deux filles dont l'aînée s'appelait Marguerite, et son mari était regardé par les Flamands comme un étranger.

Il y eut d'abord un conflit entre Maximilien et les Etats de Flandre à propos de la mainbournie (régence). Maximilien fut reconnu tuteur du jeune Philippe le Beau, mais la régence fut confiée à quatre conseillers choisis par les Etats : Adolphe de Clèves, Philippe de Bourgogne, Louis de Bruges et Adrien Vilain.

La paix fut signée avec la France, à Arras, le 23 décembre 1482 : Marguerite, qui avait trois ans, était fiancée au dauphin de France, Charles, qui en avait douze. Le 24 avril 1483, Marguerite quitte Gand avec une escorte pour aller résider à la cour de France. Le 26, elle entre à Lille ; son entrée est racontée par le chroniqueur LOUIS BRÉSIN. « Et entra par la porte de Courtray, puis fut conduite au logis de Rihout, qui est le palais du prince d'icelle ville. A ceste entrée faire y eut plusieurs histoires et remontrances faites à l'exaltation et louange de mesdits seigneurs et dames et plusieurs grands luminaires, car en la rue quy mène à la porte de Courtray avoient les Barbiers faict à leurs despens une herce couverte de XXXII flambeaux ardans, et en la place Saint-Martin estoient les chincq feuz acoustumez de ladite place. Et au coing des Patiniers avoient posez les Peintres douze flambaux... » Tous les corps de métier avaient tenu à participer aux réjouissances, les uns par des illuminations, les autres par des représentations dans la rue : pantomimes ou tableaux vivants ; on trouve dans ce texte tous les noms des corporations lilloises.

La princesse quitta Lille le 11 mai, passa par Fournes et s'arrêta pour dîner au château de Rosambois. Elle rejoignit l'ambassade française à Hesdin. Ses fiançailles furent célébrées à Amboise, le 23 juin 1483.

En ce qui concerne les Flamands, Maximilien n'attendait que l'occasion propice pour les « mettre à la raison ». Fin juin 1483, il révoque les quatre conseillers et prend le titre et les armes de comte de Flandre. Les Flamands se révoltent et appellent à leur secours les Français commandés par le seigneur d'Esquerdes. A Lille, on essaie de rester neutre, malgré le gouverneur Jacques de Savoie, comte de Romont, et le capitaine du château, le seigneur d'Espierres, ennemis de Maximilien. Au début de *1484*, on refuse l'entrée du château à Maximilien. Mais les affaires tournent à son profit et la lutte cesse au milieu de 1485.

Le pays reste calme pendant quelques mois. Maximilien nomme Baudouin de Lannoy gouverneur de Lille et cherche à s'attacher le Magistrat. Il permet à toute sentence des échevins d'être exécutoire, malgré l'appel, moyennant caution ; il défend de mettre à exécution les lettres royaux sur les personnes et les biens ; le Magistrat obtient surséance pour payer les dettes municipales ; Maximilien interdit d'aller boire et quérir vin et cervoise dans les lieux non soumis à la juridiction du Magistrat, comme la collégiale et le château qui ne payaient pas les octrois. Il donne l'ordre de saisir et d'appréhender en tous lieux, sauf en lieu saint, les robbeurs (voleurs) et malfaiteurs qui jusque-là trouvaient asile dans les terres franches relevant de territoires étrangers (Haubourdin, Emmerin, Willems...), où le gouverneur de Lille, chargé de la police de la châtellenie n'avait pas le droit de pénétrer.

Malheureusement, la guerre allait recommencer avec la France. Le 16 février 1486, Maximilien est élu roi des Romains : c'était le titre du successeur désigné de l'Empereur : ébloui par ce titre, Maximilien croit pouvoir tout entreprendre.

Les troupes de Maximilien s'emparent de Mortagne et de Thérouanne. De leur côté, les troupes françaises font des incursions dans la région flamande. Ainsi, le 17 juin

1486, cent-vingt Français de la garnison de Béthune sortent de la ville à deux heures du matin se dirigeant vers Fournes pour surprendre le château de Rosambois. Ce château avait été brûlé nombre de fois, mais relevé et transformé en forteresse. Les Français l'assiègent, le prennent d'assaut et emmènent à Béthune le châtelain. On ne fit aucun dommage aux habitants de Fournes.

Le château de Lécluse, près Douai, se rend le 23 juin aux Français de la garnison d'Arras. En août 1486, Maximilien entre en Artois par Merville et Estaires et arrive jusqu'à Lens dont il s'empare le 26, mais ses soldats se mutinent. Maximilien revient à Lille et envoie ses troupes à La Bassée, puis au Cateau-Cambrésis.

La situation de la Flandre est déplorable : les Français et les soldats de Maximilien « mangent » le pays, selon l'expression des chroniqueurs ; les voleurs et les brigands font comme eux. Maximilien est impuissant à se faire obéir, comme le montre le renouvellement perpétuel des mêmes ordonnances. Le 1er juillet 1486, il fait défense aux gens de guerre de loger et de piller en la châtellenie de Lille. Le 4 novembre, il mande au gouverneur de Lille de faire prendre au corps tous ceux des gens de guerre en garnison dans la ville de Lille qui se sont rendus coupables de pillages, tant dans la cité de Tournai que dans le Tournaisis, où ils ont entre autres « pillé la ville de Marcoing, brûlé l'église, meurdriz et coupé les grains aux laboreurs d'icelle, et encore journellement vont fourrager lesdits pays et bailliage de Tournaisis et contraindre les laboreurs de leur mener lesdits fourrages en notre ville de Lille et quand ils ne trouvent sacs en souffisance, prennent les lits des bonnes gens, jettent les plumes dehors et les emplissent de grains, et encore, non contents de ce, battent et découpent (blessent) lesdits laboreurs et les menacent de brûler comme si fussions en guerre... »

La situation ne s'améliore pas en 1487. Les Français s'emparent de Saint-Omer, Thérouanne et battent les troupes de Maximilien, près de Béthune. Ces revers raniment les sentiments des Flamands contre Maximilien et les Gantois, les Brugeois, les Yprois vont entrer en lutte contre le « mainbour » qu'ils ne veulent pas reconnaître.

II

LILLE SOUS PHILIPPE LE BEAU

LA LUTTE DE MAXIMILIEN CONTRE LES COMMUNES FLAMANDES ET CONTRE LA FRANCE

Attitude des Lillois dans le conflit ; Maximilien met la main sur le château de Courtrai et sur la ville.— La châtellenie est ravagée; le traité de Wavrin; le traité de Montil-lez-Tours.— La guerre recommence à propos de la question de Bretagne; situation de la châtellenie de Lille, vers 1494.

A la suite des revers de Maximilien dans sa lutte contre les Français, les grandes communes flamandes avaient recommencé la lutte. Dès le 8 novembre 1487, Maximilien écrivait aux gouverneurs de Lille, Douai et Orchies pour leur défendre l'obéissance aux ordres venus de Gand. Le 9 janvier 1488, les Gantois s'emparent de Courtrai. Maximilien entre à Bruges, mais les bourgeois le font prisonnier, le 5 février. Pendant ce temps, les Français envahissent le pays par le Sud.

Les Lillois étaient partagés entre le désir d'obéir à Maximilien et la crainte d'être pillés par les Flamands et les Français. Ils veulent tenir la balance égale entre les deux partis, ce qui est difficile. Les Etats-Généraux, réunis à Gand, décident de former une confédération et de rétablir la paix avec la France sur les bases du traité de 1482. Les Français veulent forcer les Lillois et les Douaisiens à y adhérer; ils viennent piller Tourcoing, «l'un des plus riches villages de la châtellenie ». Ils font savoir qu'ils arrêteront les Lillois qui se rendent à Ypres. Alors, on republie à Lille la paix de 1482.

Pour recouvrer sa liberté, Maximilien avait dû traiter et s'engager à renvoyer ses troupes allemandes, à renoncer à la mainbournie de Flandre, et à reconnaître le gouvernement des Pays-Bas par les Etats. Sitôt en liberté, il viole la parole donnée et livre le pays aux troupes que lui avait envoyées son père, l'empereur Frédéric III. Lille se déclare prête à obéir au roi Maximilien, et, selon le chroniqueur JEAN SURQUET, le Magistrat lui envoie trois ponchons de vin. Le roi fait venir de Lille de la grosse artillerie, qu'il tire du château de Courtrai, pour faire le siège d'Ypres ; mais, avant tout, il veut s'assurer de Lille.

Le 24 juin, il quitte Menin, et, par Roncq, arrive à Lille. Il se rend à la Halle, où il trouve le Magistrat qui le reçoit honorablement. Il va à une fenêtre et fait parler au peuple assemblé par Maître Jehan François « pour déclarer et remonstrer à plusieurs sa fortune et détention, et comment il était mainbour ». Le peuple le reconnaît pour mainbour et le roi, joyeux, se dirige vers le château de Courtrai, où il entre avec ses fantassins. Il venait de metre la main sur le château, et par le château, sur la ville.

*
* *

Le 4 juillet 1488, les Français s'emparent d'Estaires ; le 5, du château de Rosembois ; le même jour, du château d'Estrées et de Wavrin. Ils sont moins heureux aux affaires de Wattrelos et de Herseaux, que JEAN SURQUET narre de façon bien intéressante. Toute la châtellenie est pillée ; ses habitants se réfugient à Lille, qui est « toute dégarnie de vivres et principalement de chair ». En août 1488, une révolte des ouvriers est à craindre. On placarde la nuit des menaces comme celle-ci :

Si à Gantois nous n'avons traitié,
Les plus grands en seront locquiés.

« Et furent les dictes lettres ataquiés de nuit à la porte du château de Lille, où estoient cent-vingt Allemands en garnison, et une à la porte de Rosimbos, à l'hôtel d'Estrées, à la Chambre des comptes, au Beauregard,et à la Halle, qui fust une mauvaise engeance et digne de grosse pugnition. »

Les Lillois eurent alors l'idée de traiter avec le seigneur d'Esquerdes,mais les négociations n'aboutirent pas. Les Français préféraient détruire les châteaux. Ils s'emparèrent de nouveau de celui de Rosembois, après avoir pris l'église de Fournes, de ceux de Lomme et de Wavrin. Le 14 décembre 1488, d'Esquerdes envoya un héraut quérir les députés de Lille qui lui avaient déjà demandé de traiter : le seigneur d'Estrées et Jean François, et un accord intervient : c'est le traité de Wavrin. Lorsque les députés revinrent à Lille, dit JEAN SURQUET, il y avait sur la place dix mille hommes en armes qui criaient : « Noël ! Noël ! ». On avait sonné « la bancloque », le vigneron, la cloche d'effroi, mais ce peur tourna en joye. » La paix fut publiée à la Bretèque, et, le 16 décembre, une procession fut faite pour remercier Dieu. Ce traité assurait aux Lillois la neutralité, leur permettait de faire du commerce aussi bien avec les Flamands qu'avec les Français, les préservait du passage des gens de guerre. Les Français quittèrent la Flandre wallonne et des gens des serments de Lille allèrent les remplacer dans les châteaux de Lomme et de Rosembois.

Mais les choses n'allèrent pas aussi bien du côté de Maximilien et des Gantois. Les Gantois refusèrent de signer le traité : des marchands lillois furent faits prisonniers dans les environs d'Ypres et de Tournai. Maximilien n'approuva pas la conduite des Lillois, ou plutôt, il mit à son approbation une condition : que les Lillois fissent transformer par le roi de France leur paix particulière en paix générale ; des négociations furent entamées à ce propos, au début de 1489, mais elles n'eurent aucun succès. Et Jean Surquet se lamente : « Lors ne sçavoit-on aller en la chastellenie de Lille, d'un village à l'autre, sans estre dérobé, car justice n'avoit point de cours », et plus loin : « et ne sçavoit-on adonc widier la ville, que l'on estoit destroussé de quelqu'un, car il n'estoit point mention de faire justice. ».

Parmi les partisans de Maximilien, les Hennuyers (gens du Hainaut) se distinguaient par leur ardeur aux razzias. Des bouchers lillois sont détroussés par eux au

Pont-à-Vendin. Aussi les Lillois se décident à faire la police dans la châtellenie. Ils vont s'emparer du château d'Estaimbourg et pendent ses défenseurs. Le 25 juin 1489, Maximilien et Philippe défendent aux Hennuyers de continuer leurs courses dans la châtellenie, sous peine de la hart.

Une trêve est signée le 22 juillet 1489; le roi de France Charles VIII s'engage à rappeler ses troupes de la Flandre et du Brabant. Par le traité de Montil-les-Tours, Maximilien éloigne ses troupes allemandes, proclame une amnistie et il est reconnu comme mainbour. Le 27 décembre, des fêtes et des jeux suivirent à Lille la proclamation de la paix. La guerre devait bientôt recommencer à propos de la question de Bretagne.

*
* *

Le duc de Bretagne était mort en septembre 1488, laissant une fille Anne. Charles VIII, fiancé à Marguerite depuis 1482, désirait annexer la Bretagne; le duché appartiendrait à l'époux d'Anne. Aussi Maximilien envoya un ambassadeur, le duc de Nassau, épouser l'héritière, par procuration. Charles VIII protesta en qualité de suzerain et réunit une armée pour conquérir Anne et la Bretagne. Il épousa Anne, le 6 décembre 1491, et comme il ne pouvait plus décemment garder sa fiancée à la Cour, il la renvoya.

Maximilien fut doublement offensé : d'une part, il était le père de Marguerite et, d'autre part, il avait déjà épousé Anne de Bretagne. Il déclara la guerre à Charles VIII. D'ailleurs, les hostilités avaient repris entre Maximilien et les Gantois, à l'instigation de Charles VIII. De nouveau, la châtellenie de Lille fut ravagée.

Maximilien reprit Arras et Lens et la paix de Senlis signée le 23 mai 1493, lui laissa l'Artois, moins Hesdin, Aire et Béthune. Les Lillois allaient être moins près de la frontière.

La minorité de Philippe le Beau cesse en 1494. Depuis 1493, Maximilien est Empereur. Il quitte les Pays-Bas.

L'agriculture avait été complètement délaissée ; l'industrie et le commerce étaient au plus bas; les impôts s'étaient multipliés. La situation était telle que, pour ne pas payer les impôts, les laboureurs se retiraient dans le Tournaisis ou dans les enclaves étrangères (Haubourdin, Emmerin, Willems...). Il fallut des mesures rigoureuses pour faire cesser cette grève de contribuables.

Heureusement, avec le gouvernement personnel de Philippe le Beau, la Flandre va entrer dans une période plus calme.

III

LILLE DE 1494 A 1521

Gouvernement personnel de Philippe le Beau. La régence de Marguerite d'Autriche. Les débuts de l'archiduc Charles.— Lille répare les désastres de la période antérieure. Les ravages des « égyptiens » dans le plat pays ; l'épidémie de peste.

De 1494 à 1520, la Flandre wallonne connut une période de paix sous le gouvernement de Philippe le Beau et le début de celui de l'archiduc Charles.

Philippe le Beau, qui gouverna de 1494 à 1506, avait de brillantes qualités mais manquait de jugement et de fermeté dans les résolutions. Selon l'ambassadeur vénitien QUIRINI, qui fut chargé d'une mission aux Pays-Bas pendant le règne de Philippe, « il était beau de corps, vigoureux et bien portant, apte à jouter, adroit aux exercices du cheval, soigneux et vigilant à la guerre, et supportait facilement toute espèce de fatigues. Il était naturellement bon, magnifique, libéral, affable, bienveillant et si familier avec tout le monde, qu'il oubliait parfois le décorum royal. Il aimait la justice et s'appliquait à la faire observer. Il était religieux et n'avait qu'une parole quand il promettait. Il était doué, enfin, d'une rare intelligence... mais il n'était ni prompt dans les réponses, ni absolu dans l'exécution. Toujours, il se rapportait à l'avis de son conseil (d'où son surnom de Croit-Conseil), étant naturellement enclin à se laisser persuader par les personnes qu'il aimait. »

Il sut résister au parti militaire qui le poussait à la guerre contre la France, et il agit même vis-à-vis du roi de France en vassal fidèle et loyal. En 1498, il prêta foi et hommage à Louis XII et les villes de Béthune, d'Aire, d'Hesdin, que la France détenait jusqu'à sa majorité, lui furent rendues. Louis XII promettait de ne pas faire valoir « ni par armes, ni par justice » le droit de racheter les villes et châtellenies de Lille, Douai, Orchies. La paix avec la France fut pour la Flandre wallonne un très grand bienfait.

Philippe le Beau mourut âgé de 28 ans, le 25 septembre 1506.

Il laissait un fils de 6 ans et demi, Charles, le futur Charles-Quint. Maximilien revendiqua la tutelle sous le prétexte que la mère de Charles était folle, et il envoya, comme gouvernante générale, sa fille, Marguerite d'Autriche, l'ancienne fiancée de Charles VIII, qui, veuve pour la seconde fois en 1504, s'était vouée à la politique. C'était une femme habile, mais qui se souvint toute sa vie de l'affront que lui avait infligé la cour de France. Elle a confié ses plaintes à la poésie :

Tous les Franchois vous tenez pour amis,
Que vous devez tenir pour ennemis,
Car faussé vous ont ce qu'ils vous ont promis
Touchant de lui et de moi le mariage...

Aussi, ne fit-elle rien pour empêcher les hostilités entre la France et l'Autriche à propos de la domination en Italie.

A la faveur des passages de gens de guerre, le brigandage renaissait. En 1510, le gouverneur de Lille reçoit l'ordre de faire rentrer dans leurs foyers les gens de guerre « qui font dommage au plat pays ». En 1511, est publiée une ordonnance contre les gens d'armes qui passent et repassent dans la châtellenie.

Les hostilités gagnent les Pays-Bas. Les Anglais, alliés de Maximilien, débarquent à Calais et font le siège de Thérouanne en 1513. Les Français sont vaincus à Enguinegatte (Journée des Eperons). Thérouanne se rend; elle est brûlée et démolie complètement. A Lille, on prend des précautions, on visite les remparts, on fait sortir les locataires des tours et des portes, on fait le guet, on achète des munitions, on interdit de faire sortir du blé de la ville.

Le roi d'Angleterre, Henri VIII, fait le siège de Tournai, ville française, qui se rend le 24 septembre 1513. Henri VIII y reçoit la visite de l'archiduc Charles et de Marguerite. Le 16 octobre, un grand banquet réunit à Lille Henri VIII, Maximilien l'archiduc et Marguerite. Les alliés signèrent le traité de Lille, par lequel Henri VIII s'engageait à payer à Marguerite 200.000 couronnes d'or pour l'entretien de son armée pendant l'hiver et à attaquer la France l'année suivante. Mais Louis XII parvint à faire la paix en 1514 avec l'Angleterre, et Maximilien dut en faire autant.

Le 5 janvier 1515, l'archiduc Charles est émancipé à la demande des Flamands, et la régence de Marguerite prend fin. Charles laisse alors sa tante à l'écart et donne toute sa confiance au sire de Chièvres, partisan de l'alliance française. Au début de son règne personnel, la politique est toute pacifique et des traités d'alliance sont signés avec François Ier, à Paris, en 1515 ; à Noyon, en 1516 ; à Cambrai, en 1517.

***

La Flandre wallonne a donc joui, de la paix de Senlis à 1521, d'un calme relatif grâce auquel elle a pu réparer les désastres de la période antérieure.

Les Lillois surent obtenir la confirmation et même l'extension de leurs privilèges. En 1497, Philippe le Beau permet au Magistrat d'exécuter, malgré appel, «toute sentence concernant le fait de marchandise ». En 1514, par lettres patentes, Maximilien et Charles rendent exécutoires, malgré appel, toutes sentences en matière de délit. Le 24 mai 1516, Charles entre à Lille ; le 26, il prête le serment de maintenir les privilèges et le rewart prête ensuite le serment de fidélité au prince. En 1518-1520, il règle les conflits entre le Magistrat et le siège de la gouvernance.

Le Magistrat eut soin de maintenir en bon état et d'augmenter les défenses de la ville. On travailla aux bollewerks (boulevards), aux portes. En 1509, on répare le château de Courtrai, qui a commencé à brûler : l'alerte fut très vive, mais on put sauver les chartes qui furent transportées à l'hôtel de la Poterne, où siégeait la Chambre des comptes.

On exécute des travaux d'édilité, on pave ou on répare les rues de la ville et des faubourgs. Ainsi, en 1496, la rue de la Vignette; en 1502, la rue de Pois; on répare la chaussée et le rabat de Marquette, etc.

La ville s'accroît en population : le fait ressort de nombreux documents. La ville donne à rente plusieurs places vides, pour y bâtir des maisons. En 1515, elle achète le palais de la Salle, la vieille résidence des comtes de Flandres et la place vide qui se trouvait devant.

Cet accroissement est favorable au développement industriel de la ville. En 1516, le Magistrat est autorisé à ériger trois nouvelles manufactures de draperies et à leur donner des règlements. Les foulons et les teinturiers profitent de cette extension de l'industrie drapière. On construit de nouvelles halles aux draps, et un droit de 6 deniers par pièce est perçu pour rentrer dans les frais. Les brasseurs font d'excellentes affaires, d'autant plus qu'ils fraudent sur la qualité.

Cette renaissance de l'industrie et du commerce ne doit pas faire oublier que des bandes parcouraient le plat pays, le mettant en coupe réglée : ribauds, coquins, truands, égyptiens (romanichels d'aujourd'hui), ainsi qu'en témoignent des ordonnances de 1509, 1510, 1515.

Une autre plaie, c'était la peste qui sévit à partir de 1513 et qui n'avait pas disparu quand la guerre recommença en 1521. Différentes ordonnances publiées à la Bretèque nous indiquent quelles mesures de défense on prenait alors.

Les pestiférés ne peuvent paraître en public sans porter à la main une verge blanche. Ils n'assistent pas à la grand'messe, mais à la messe basse, le matin. Il leur est interdit de venir vendre des denrées à Lille pendant 40 jours. Chacun est tenu, dès que la maladie contagieuse se déclare dans sa maison de « mettre sur le devant une grosse et évidente marque d'estrain (paille), afin que les passants et autres ne se habusent pas d'y entrer. Il faut laisser ces marques aux maisons 40 jours après le trépas du dernier mort. Le tout à peine de ban (bannissement) ou de telle punition que l'on verra au cas appartenir. »

IV

LILLE PENDANT LA GUERRE CONTRE LA FRANCE DE 1521 A 1529

Le conflit entre la France et la maison d'Autriche. — Les mesures de défense à Lille et dans la châtellenie ; le traité de Madrid. — La reprise des hostilités ; la paix des Dames ; l'épidémie de suette.

Pendant la longue période des guerres de la France contre la maison d'Autriche, la Picardie, l'Artois, le Hainaut souffrirent beaucoup et la Flandre wallonne subit le contre-coup des hostilités. L'élection de l'archiduc Charles au Saint Empire romain germanique fut l'occasion du conflit.

Déjà, il y avait mésintelligence entre Charles et François Ier, à propos de Tournai. La ville avait été prise aux Français par Maximilien et Henri VIII, en 1513, et les Anglais l'avaient conservée. Charles proposa au roi d'Angleterre 300.000 écus ; François Ier, plus habile, fit des offres au cardinal Wolsey, et, en 1518, il fut convenu que Tournai et ses dépendances, Mortagne et Saint-Amand, seraient cédées à la France pour 400.000 écus. En 1519, Gaspard de Coligny, seigneur de Châtillon, en prit possession, au grand enthousiasme des Tournaisiens.

Une autre affaire les avait mis aux prises. Maximilien était mort le 12 janvier 1519. Malgré les largesses de François Ier, ce fut Charles qui fut proclamé roi des Romains. Blessé dans sa vanité et redoutant la trop grande puissance de son rival, François 1er se prépara à la guerre.

Il eut le tort de ne pas agir assez vite. Les Impériaux enlevèrent Mortagne ; les Français, Bapaume et Hesdin ; mais Charles put s'emparer de Tournai, qu'il annexa au comté de Flandre, et qui fut placé sous la juridiction de la Chambre des comptes de Lille.

*
* *

A Lille et dans la châtellenie, Marguerite d'Autriche et le Magistrat firent prendre les précautions ordinaires. Le 5 juillet 1521, il est ordonné à tous les hommes valides de la châtellenie, entre 22 et 48 ans, de se tenir prêts à repousser les ennemis ; en août, le gouverneur reçoit l'ordre de convoquer tous les vassaux fieffés et arrière-fieffés. Le 9 octobre, l'ordre est donné de battre le blé « en dedans quinze jours », d'enrôler les hommes, de tenir tous les chevaux prêts ; le 23, d'amener à Lille le blé et l'avoine battus, avec du fourrage ; d'être sur pied pour résister, d'abattre les petits arbres qui forment clôture dans les champs pour que les vivandiers puissent passer aisément.

A Lille, on visite les fortifications, on nettoie les fossés, on modifie les défenses. Les portes de Fives, de Saint-Sauveur, des Malades, du Molinel sont « abaissées »; on établit une entrée sous la Noble-Tour ; on complète par des tours nouvelles la partie des remparts située entre la porte des Malades et la porte du Molinel ; on bouche, en 1521, la porte de Saint-Sauveur ; en 1522, la porte de Fives. En 1521, on fait abattre les arbres à proximité des remparts ; on achète de la poudre et du salpêtre ; on fabrique 200 fourches ferrées ; on achète 5 à 600 arquebuses. L'artillerie municipale, — indépendante de l'artillerie du comte, qui se trouve au château de Courtrai, — est mise sur les remparts. En 1525, on élargit les remparts et on rebâtit une partie des murs du côté de la collégiale de Saint-Pierre.

On empêche la sortie des blés du pays et on oblige les laboureurs à les vendre publiquement sur la place du marché; on ordonne aux bourgeois de se munir de grains pour un an ; la ville en achète 3.000 razières. L'hospice Comtesse a l'autorisation de faire construire une douzaine de moulins dans l'ilôt du Gard. Ces moulins pourront être actionnés par des chevaux quand le vent fera défaut.

Le prévôt se fait donner une garde de deux hommes armés, portée à six, en 1521. Trois cents piétons sont levés pour la garde des remparts.

Il n'y avait pas que les ennemis qui fussent dangereux. Comme on ne faisait pas campagne l'hiver, les gens de guerre de tous les partis pillaient les campagnes pencette saison ; parmi eux se trouvaient des étrangers et aussi des bannis qui étaient des gens dangereux, prêts à assouvir leurs vengeances. Des mesures sont prises contre les bannis par des lettres-patentes de Charles-Quint, du 15 décembre 1522.

La guerre amenait la rupture des relations commerciales. Il fut défendu d'importer des vins de France dont on faisait alors, à Lille, une grande consommation, à peine de la confiscation du vin et des biens de l'acheteur. C'était pour empêcher que l'argent flamand ne passât en France et pour faciliter la vente des vins d'Espagne.

On craint beaucoup les espions français ; à cette époque, les espions sont le plus souvent des femmes, des prêtres, des religieux. En 1523, un placard défend aux ladres et autres malades de venir quêter à Lille, les jours du jeudi et du vendredi saint « pour empêcher les Français se disant malades, de venir en Flandre avec intention de nuire ». Il est également défendu aux religieux, prêtres et gens d'église de hanter et converser en France, et à ceux de France, de pénétrer en Flandre.

Cette situation tendue prit fin en 1525 avec la bataille de Pavie. François Ier signa, en 1526, le traité de Madrid par lequel il abandonnait ses droits sur l'Italie et restituait la Bourgogne ; il promettait de rendre Hesdin et le Tournaisis à Charles-Quint, renonçait à ses droits de rachat sur Lille, Douai, Orchies et abandonnait la suzeraineté de l'Artois et de la Flandre. La paix fut publiée à la bretèque, à la grande joie des Lillois, heureux de la défaite des Français. (Dès 1524, le Magistrat avait fait enlever les armes de France qui figuraient sur la tenture de la salle du Conclave.)

Malheureusement, cette paix ne fut qu'une trêve. A peine libre, François Ier désavoua la paix signée, négocia avec tous les princes ennemis de Charles-Quint, réunit des corps de gendarmerie en Champagne et en Picardie. Les marchands des Pays-Bas furent pillés et rançonnés.

Marguerite d'Autriche prescrivit alors d'arrêter et de pendre tous les soldats étrangers qui seraient trouvés dans le pays et fit prendre de nouvelles précautions en cas d'invasion et de siège. Le Magistrat fournit une aide de 20.000 florins pour les mesures défensives. Mais les opérations militaires eurent surtout pour théâtre l'Italie.

Une trêve de huit mois fut conclue entre les Pays-Bas, la France et l'Angleterre, son alliée, le 15 juin 1528. L'année suivante, la paix de Cambrai fut signée par Marguerite d'Autriche et Louise de Savoie ; c'est la paix des Dames. De nouveau, la France promettait de restituer Hesdin, confirmait à Charles-Quint la possession de Tournai, abandonnait la suzeraineté de la Flandre et de l'Artois et renonçait à ses droits de rachat sur Lille, Douai et Orchies. Selon le chroniqueur TOUSSAINT CARRETTE, le Magistrat entendit, le 29 janvier 1530, la lecture de cette paix à la gouvernance : la lecture dura deux heures et demie.

Le pays resta exposé aux pillages des soldats licenciés. La peste sévit dans certaines provinces. Dans d'autres, ce fut la « suette », qui éclata à Anvers, en septembre 1529, qui ravagea Gand, Bruges, Malines, Bruxelles, semant l'épouvante parmi les populations. A Lille, d'après MAHIEU MANTEAU et TOUSSAINT CARRETTE, l'épidémie frappa beaucoup de gens fort riches et fort jeunes « et on était mort ou guéri en vingt-quatre heures ». L'épidémie dura plus d'une année. Ce n'est pas en souvenir de cette calamité qu'il y avait, à Lille, une rue des

Suaires, comme le dit DERODE ; le nom de la rue est beaucoup plus ancien et vient, sans doute, du latin « sutores », cordonniers.

V

LILLE PENDANT LA GUERRE CONTRE LA FRANCE DE 1529 A 1559

Marie de Hongrie ; la lutte de Charles Quint et Philippe II contre François Ier et Henri II. — Lille au milieu du XVIe siècle : le plan de Jacques de Déventer, le plan et la description de Guichardin ; l'état de la population.

La paix dura de 1529 à 1536, date à laquelle la guerre reprit à propos du Milanais. Marguerite d'Autriche était morte le 1er décembre 1530. Charles-Quint la remplaça le 3 janvier 1531 dans le gouvernement des Pays-Bas, par sa sœur Marie de Hongrie. Marie de Hongrie ne fut inférieure à Marguerite ni en prudence, ni en habileté. Elle la surpassa par son activité et son énergie. « C'est une femme qui tient beaucoup de l'homme, dit un ambassadeur vénitien ; car elle pourvoit aux choses de la guerre ; elle en raisonne, ainsi que de la fortification des places et de toutes les matières d'Etat. » Et avec cela, si résolue que le duc d'Aerschot disait : « S'il y avait encore un paradis terrestre, sans aucun doute, elle aurait fait manger à l'homme le fruit défendu. »

En 1537, le Parlement de Paris déclara Charlès-Quint félon, parce qu'il n'avait pas prêté hommage à François Ier pour l'Artois et la Flandre. Une armée française pénétra en Artois et s'empara des principales places fortes ; la régente fit demander 200.000 carolus d'or pour lever une armée. Les troupes françaises furent arrêtées à Merville et une trêve signée pour dix mois Cette trêve, renouvelée, dura cinq années.

Après le désastre de Charles-Quint devant Alger, François Ier déclara de nouveau la guerre. Il n'y eut, dans la Flandre wallonne, que quelques incursions peu importantes. Toutefois, les Lillois eurent une vive alerte le 5 octobre 1542. Entre trois et quatre heures du matin, les guetteurs virent des hommes dans les jardins avoisinant les fortifications et donnèrent l'alarme. Tous les hommes d'armes coururent aux remparts : ce n'étaient que des voleurs de pommes qui s'empressèrent de détaler. Cette fausse alerte fut appelée par les Lillois « l'alarme à pommes ». Il fut défendu de bâtir dans un rayon de 1.400 pieds autour des remparts, à peine de 20 carolus d'or d'amende. On transforma les portes de Saint-Sauveur et de la Barre. De longs travaux furent entrepris au château de Courtrai.

Le traité de Crespy mit fin aux hostilités, en 1544. François Ier renonçait une fois de plus à ses droits de rachat sur Lille, Douai, Orchies, et à ses droits de suzeraineté sur l'Artois et la Flandre.

Mais le successeur de François Ier, Henri II, suivit les traces de son père. « Il a hérité la haine que ses aïeux ont toujours manifestée à l'égard des miens », disait de lui Charles-Quint. La guerre recommença en 1551. Marie de Hongrie ne fut pas prise au dépourvu : elle conclut, sous la garantie de la ville d'Anvers, un emprunt de 300.000 livres et renforça les garnisons des places frontières. Contre toute attente, les hostilités eurent pour théâtre l'Alsace et la Lorraine, et les Pays-Bas souffrirent peu. En 1553 et 1554, on se battit en Artois, dans le Hainaut et dans le Cambrésis. Le 5 février 1556 fut signée la trêve de Vaucelles.

A cette date, Charles-Quint a renoncé au pouvoir. Déjà, en 1549, il avait fait reconnaître Philippe II comme son successeur : Philippe était entré à Lille avec Charles-Quint, Marie de Hongrie et la reine de France ; le 6 août, Philippe avait prêté le serment accoutumé de respecter les franchises et les privilèges de la ville, et en retour, il avait reçu le serment de fidélité des Lillois. En 1555, dans une assemblée tenue à Bruxelles le 25 octobre, Charles annonça son abdication.

La trêve de Vaucelles fut l'un des premiers actes de Philippe II. Dès 1557, Henri II la rompit et attaqua. A Lille, les précautions ordinaires furent prises. Un détachement de 500 Lillois fut envoyé à l'armée qui fut victorieuse à Saint-Quentin. Après la prise de Calais, des conférences se tinrent à Lille, entre le duc d'Albe, le prince d'Orange et le maréchal de Saint-André. Elles préparèrent le traité du Cateau-Cambrésis du 3 avril 1559, qui fut publié à Lille, le 7 avril.

C'était la fin des guerres commencées en 1521. Mais les troubles religieux allaient bientôt amener, dans les Pays-Bas, de nouvelles luttes.

*
* *

Quelle était la situation de Lille à cette époque ? C'est justement du milieu du XVIe siècle que datent les deux plans de la ville, les plus anciens que nous possédions, et une description intéressante.

JACQUES DE DEVENTER est un géographe, bourgeois de Malines, qui leva des plans de villes sur l'ordre de Charles-Quint et de Philippe II, entre 1550 et 1565. La moitié des minutes originales est dispersée dans différentes bibliothèques, l'autre se trouve à la Bibliothèque royale de Bruxelles. Le travail complet, exécuté sur les minutes et envoyé à Philippe II, est à la Bibliothèque royale de Madrid : il contient les plans de plus de 200 villes. L'Institut national de Géographie de Bruxelles a entrepris d'en reproduire une bonne partie dans un Atlas des villes de la Belgique au XVIe siècle, en y ajoutant des explications et des notices ; la notice de Lille a été faite par Quarré-Reybourbon. Le plan de Lille est à la Bibliothèque municipale.

GUICHARDIN (Louis Guicciardini), né à Florence en 1521, mort à Anvers en 1589, a laissé une « Description de tous les Pays-Bas ». Il s'occupait d'affaires de commerce à Anvers; mais, homme de la Renaissance, il s'intéressait à tout. Il a réussi à faire connaître « la situation, grandeur, beauté, puissance et noblesse de ces tant excellents et admirables pays ». Il a étudié les chroniques, fouillé les bibliothèques, visité les localités et fait graver leurs plans. Son ouvrage, terminé dès 1559, a paru, en 1567, en italien et en français. C'est un volume in-folio de 296 pages, sans compter les préliminaires et les tables, avec 15 gravures sur bois et 2 sur cuivre, parmi lesquelles le plan de Lille.

De la même époque, date une sorte d'état de la population de Lille en 1566 conservé aux Archives municipales. La ville comprenait 3.890 maisons réparties assez inégalement, selon les paroisses : 1.030 dans la paroisse de Saint-Sauveur, 1.060 dans la paroisse de Saint-Maurice, 1.100 dans la paroisse de Saint-Etienne, 400 dans la paroisse de Sainte-Catherine, 300 dans celle de Saint-Pierre. L'auteur estime qu'il y a, en moyenne, dix habitants par maison, ce qui donnerait une population de près de 40.000 âmes. Nous savons que la population étouffait dans l'enceinte. En 1539, on avait pensé à un agrandissement, et Charles-Quint avait fait faire une enquête à ce sujet ; en 1541, la ville paie 60 livres à Jean Paquier « pour avoir fait et pourtraict la carte et figure de la ville pour adviser à l'agrandissement ». En 1555, on pense agrandir entre la Porte des Malades et la Porte de la Barre ; en 1556, le maître des œuvres de la ville dresse les plans définitifs de l'agrandissement. Ces projets n'aboutissent pas.

D'après GUICHARDIN, Lille « à présent est belle et riche ville, pleine de bons édifices, de grande noblesse et de grand nombre de gros marchands menant grand traffique. Semblablement, il y a plusieurs industrieux artisans, qui font grande quantité des diverses sortes de marchandises, mais principalement de saies, ostades, reverses, changeants à la façon du Levant, de toutes sortes et prix, de manière que cette ville, pour la marchandise et pour les arts qui s'y exercent ,est tenue, après Anvers et Amsterdam, la principale des Pays-Bas ».

Cette prospérité allait être arrêtée par les troubles religieux.

VI

LA RÉFORME SOUS CHARLES-QUINT

Les historiens de la Réforme à Lille : Frossard et Leuridan. — La situation de l'Église et la doctrine de Luther. — L'organisation de l'Inquisition ; les mesures prises pour écraser l'hérésie — Les exécutions capitales à Lille ; l'expansion du luthéranisme entravée.

La Réforme à Lille a déjà été étudiée par des historiens locaux. DERODE n'y consacre que quelques pages; HOUDOY y a touché à propos du privilège de non-confiscation; les pages de Mgr HAUTCŒUR sur ce sujet ne sont pas les meilleures de son très bon travail. Les deux études les plus importantes sur la question sont de Charles-Louis FROSSARD et de Th. LEURIDAN.

Le pasteur FROSSARD a écrit « L'Eglise sous la croix pendant la domination espagnole, chronique de l'Eglise réformée de Lille », ouvrage assez complet et exact, mais pas suffisamment impartial.

LEURIDAN, chevalier de l'ordre pontifical de Saint Grégoire le Grand, est l'auteur d'un « Essai sur l'histoire religieuse de la Flandre wallonne », où la période qui nous intéresse est racontée, du XXe au XXVe chapitre, travail assez superficiel et partial dans le sens opposé.

Entre ces deux études qui ont toutes deux un caractère nettement confessionnel, il y a place pour une étude scientifique faite d'après les sources, documents d'archives extrêmement nombreux, chroniques imprimées ou manuscrites.

*
* *

Les guerres de la rivalité entre la France et la maison d'Autriche étaient à peine terminées qu'éclatèrent les troubles religieux. Mais pour en comprendre le caractère, il faut retourner un peu en arrière et examiner les progrès de la Réforme au temps de Charles-Quint.

On sait que Luther crut trouver dans les Actes des apôtres et dans saint Augustin la doctrine qui pouvait sauver l'homme ; qu'il intervint, en 1517, dans la question de la vente des indulgences ; qu'il soutint que le pape était le chef de l'Église par institution humaine et non par institution divine; que plusieurs des opinions de l'hérétique Jean Huss étaient très chrétiennes, et que les conciles n'étaient pas infaillibles. En 1520, une bulle du pape condamna ces propositions et, en 1521, Luther ayant refusé de se rétracter, la diète de Worms le mit au ban de l'Empire et ordonna de jeter tous ses écrits au feu.

En Allemagne, les bourgeois éclairés qui croyaient avoir retrouvé la liberté de pensée, les princes qui espéraient dépouiller les dignitaires ecclésiastiques, les malheureux et les opprimés accueillirent avec enthousiasme les idées de Luther. De là, les doctrines passèrent vite dans les Pays-Bas, par suite de leurs relations commerciales avec l'Allemagne.

Partout, à cette époque, on sentait le besoin de remédier à la corruption du clergé et de réformer l'Eglise. Les mœurs étaient déréglées, les gens d'Eglise vivaient avec des femmes et avaient des enfants. Certains religieux s'élevaient contre ces scandales, ainsi, Jean Vitrier, de Tournai, qui disait: «Il vaut mieux couper la gorge à son enfant que de le mettre en religion. » Le pape et Charles-Quint se rendaient compte que la religion s'en allait.

Charles-Quint estimait qu'un curé doit être « de bon âge », être de bonne vie et conversation, être lettré et docte. Et il déplorait que beaucoup fussent jeunes, légers, inexpérimentés, indiscrets; que d'autres fussent « lubriques, adonnés à l'ébriété et autres vices »; que d'autres enfin, fussent extrêmement ignorants. Il avait essayé d'y porter remède en recommandant de fréquents exercices de piété : jamais, à Lille, les processions, sermons, prières publiques ne furent aussi nombreux que sous Charles-Quint.

En 1519, il fait publier un placard contre les jureurs et blasphémateurs : la première fois ils seront punis d'une amende de 60 sous; la seconde fois, d'une amende double; la troisième, d'une amende triple, et ils seront mis au pain et à l'eau pendant six jours; la quatrième fois, ils seront « pilorisés ou eschellés » pendant deux heures.

Dès 1519, Luther avait des adhérents dans les Pays-Bas. Vis-à-vis d'eux, Charles-Quint se montra intolérant et persécuteur. Son premier acte,fut l'ordonnance du

22 mars 1521, qui enjoignait de brûler tous les livres et écrits de Martin Luther et de ses adhérents, et qui défendait d'imprimer, de vendre, de lire tous livres analogues.

Le légat du pape Jérôme Aléandre était d'avis de faire un exemple, en brûlant quelques luthériens. On organisa un système répressif calqué sur le Saint-Office espagnol. En avril 1522, Charles-Quint nomma François Van Der Hulst, un laïque, comme inquisiteur et lui adjoignit un carme, Nicolas Van Egmont. Erasme dit du premier, que c'était « un grand ennemi des sciences »; du second, que c'était « un fou, aux mains duquel on aurait mis une épée ». Ils eurent pleins pouvoirs contre les hérétiques et furent affranchis de l'observation des formes légales ordinaires. Ils furent aussi autorisés à choisir des « délégués », auxquels ils pouvaient conférer leur autorité. C'était, en somme, une Inquisition d'Etat.

Mais le pape n'entendait pas abdiquer et le 1er juin 1523, au vif dépit de Marguerite d'Autriche et de Charles-Quint, il nomma François Van der Hulst, inquisiteur général des Pays-Bas. Celui-ci était donc, à la fois, inquisiteur impérial et pontifical.

L'Inquisiteur se montra très arrogant et les exécutions devinrent si nombreuses que Marguerite demanda au pape son remplacement. Le pape nomme alors trois ecclésiastiques : l'Inquisition reprend son caractère clérical, mais le gouvernement la seconde pour écraser l'hérésie.

Le 22 août 1522, un mandement ordonne d'arrêter toutes les personnes soutenant les opinions de Luther. Un placard de

1524 réglemente la police des cabarets et tavernes : on prend des précautions pour que personne ne puisse aller au cabaret pendant les offices et pour qu'il ne puisse se tenir de réunions la nuit dans les tavernes.

L'ordonnance du 5 juillet 1527 détaille les peines contre les prédicateurs et les détenteurs de livres suspects. Il est défendu de tenir assemblée et d'y lire ou entendre lire les doctrines de Luther, à peine de 20 florins carolus d'or d'amende, la première fois; 40, la seconde; 80, la troisième, ou du bannissement, si l'on ne peut payer; tous les livres, évangiles, épîtres en langue flamande doivent être brûlés ; il est défendu d'imprimer ou de vendre aucun livre non admis par les officiers de la gouvernance.

De nombreuses condamnations sont prononcées : en 1527, contre Jeannin Hadet et Jean Collier ; en 1528, contre d'autres hérétiques. Jean de Frelin, le délégué de l'Inquisition à Lille, examine, à cette date, les livres trouvés chez Savereulx. Germain Desprez, pour s'être moqué d'un de ses amis qui saluait une statue de la Vierge, a la langue percée et reste exposé une heure au pilori.

Ces peines n'effrayaient pas les hérétiques. Le placard du 14 octobre 1529 fut plus rigoureux : il condamnait les hommes « à l'épée », les femmes à « la fosse » et les relaps « au feu » ; les dénonciateurs étaient récompensés ; les magistrats peu zélés pour la répression de l'hérésie, seraient privés de leurs offices. Un nouveau placard du 7 octobre 1531 aggrave encore celui de 1529 ; de plus, ceux qui impriment ou relient les livres soupçonnés seront

« échafaudés », marqués d'un fer chaud en forme de croix et auront l'œil crevé ou le poing coupé.

*
* *

En 1533, pour la première fois, des luthériens sont mis à mort à Lille, Martin Recq et Guillaume Chivoré sont brûlés en face de la Halle échevinale; trois autres périssent par l'épée, le 23 mai; le 28 juin, c'est le tour de Martin Macroit; le 31 juillet, de Guillaume Savereulx.

En 1540, Bettremieux Dubois est décapité et sa tête est exposée. En 1542, Jacques Coisne, de Roncq, qui a approuvé la réforme a la langue percée; Jean Frémault, de Mouvaux, est décapité. Tous les exemplaires d'un catéchisme luthérien, «La doctrine des enfants », sont brûlés.

Ce régime d'intolérance et de persécutions qu'on attribue d'ordinaire à Philippe II a donc bien commencé sous Charles-Quint. Il a certainement entravé l'expansion du luthéranisme dans nos pays. Les luthériens, sujets fidèles de leur prince, se courbent, renoncent à la propagande et ne professent plus qu'en secret. Mais, beaucoup d'entre eux vont passer à d'autres sectes plus combatives, comme celles des anabaptistes et des calvinistes .

—

VII

LA RÉFORME SOUS CHARLES QUINT

La secte des anabaptistes ; Pierre Brully et la propagande calviniste ; le privilège de non-confiscation. — L'Inquisition ; exécutions à Lille ; la confrérie des Compagnons du Pourpoint.

Anabaptistes et calvinistes apparaissent de bonne heure dans les Pays-Bas. Dès 1525, Coppin et Quentin Couturier prêchaient une sorte de panthéisme populaire. L'anabaptisme, né dans l'Allemagne du Sud, avait son centre à Amsterdam, en 1531. Les anabaptistes voulaient qu'on rebaptisât les enfants, parce Jésus avait été baptisé étant homme. Ils formaient une secte violente qui annonçait la fin prochaine du monde, l'arrivée du règne de Dieu, et qui ne voulait plus de prêtres, ni d'armée, ni de tribunaux, ni de maîtres. Ils étaient haïs de tous, aussi bien des catholiques que des luthériens. Dès 1531, Marie de Hongrie ordonna de les rechercher ; en 1534, ordre fut donné au gouverneur de Lille d'envoyer les anabaptistes et les vagabonds sur les galères en Espagne ; en 1535, un placard de Charles-Quint les condamna à mort et accorda un tiers de leurs biens à ceux qui les dénonceraient.

La propagande calviniste avait fait de grands progrès dans les Pays-Bas méridionaux ; elle constituait un péril plus grave encore que les autres doctrines, car le calvinisme prétend soumettre l'Etat à l'Eglise ; l'idéal pour lui, c'est l'état théocratique sur le type de Genève. Le prince n'est qu'un tyran quand il s'oppose à la parole de Dieu.

Avant 1543, le calvinisme a déjà des adeptes autour de Lille et de Tournai. En 1544, Tournai demande un pasteur à l'église réformée de Strasbourg, qui envoie Pierre Brully. Celui-ci se rend la nuit chez les calvinistes et y prêche sur la nouvelle religion. Il va aussi à Valenciennes, à Arras, à Lille ; mais nous n'avons aucun détail sur son séjour dans notre ville.

Pierre Brully fut brûlé sur le grand marché de Tournai, le 19 février 1545 : quelques-uns de ses partisans furent également exécutés.

Néanmoins, à la faveur du zèle calviniste, de la tiédeur et de l'apathie des catholiques, les doctrines nouvelles s'implantaient un peu partout. D'ailleurs, le clergé corrompu était jugé sévèrement. Dans une lettre du 18 décembre 1544, publiée à la bretèque de Lille, la gouvernante Marie de Hongrie déclarait que « les curés sont en plusieurs lieux gens de scandaleuse et mauvaise vie » ,et qu'ils donnent de tristes exemples. De pareils aveux avaient un effet déplorable sur l'opinion publique.

Un placard de la même date prescrit des inventaires et des visites inquisitoriales chez les imprimeurs et les libraires pour saisir les livres aux titres trompeurs ou revêtus de faux privilèges. Un placard du 26 mars 1550 contient la liste des livres réprouvés et de ceux qu'on peut lire ; cette liste a été dressée par la Faculté de théologie de l'Université de Louvain .

Ces différentes mesures déterminaient les réformés à quitter le pays. Des lettres-patentes de 1545. publiées à Lille, le 11 février interdirent de recevoir les fugitifs, de gérer leurs biens ; il fallait les dénoncer. Un édit du 20 novembre 1549 régla la répartition des biens confisqués « nonobstant coutumes, usances et privilèges ».Mais le Magistrat de Lille qui tenait à conserver à la ville le privilège de non-confiscation, ne fit pas publier cet édit qui fut simplement transcrit sur les registres.

La question s'était d'ailleurs posée, en 1540, lorsque le lieutenant-gouverneur avait prononcé la confiscation des biens de Jean Fremault, dit Vignette. La veuve, le Magistrat de Lille et les baillis du plat pays avaient fait appel de la sentence et le Conseil de Flandre avait accordé, le 8 janvier 1543, des lettres de surséance.

*
* *

Pour donner plus d'unité et d'énergie à la répression de l'hérésie, l'Inquisition fut réorganisée en 1546 par le pape Paul III et l'empereur Charles-Quint. Pierre Titelman et Jean Pollet, chanoine de Saint-Pierre de Lille, furent nommés substituts des inquisiteurs généraux pour la Flandre.

L'institution était calquée sur le Saint-Office espagnol ; les inquisiteurs devaient visiter la province avec un notaire et s'enquérir des hérétiques. Le pouvoir séculier devait faire appréhender tous ceux qui seraient dénoncés par les inquisiteurs.

Les différentes mesures prises contre les

réformés furent rappelées dans l'Edit d'Augsbourg du 25 septembre 1550, qui est un véritable code de la législation contre l'hérésie. En 1555, deux placards du 31 janvier et du 1er février subordonnent complètement la juridiction civile aux inquisiteurs.

De 1545 à 1555, il y a de nombreuses condamnations. Nous ne pouvons les énumérer toutes ; en voici quelques-unes : le 3 mars 1545, un aveugle et sa femme sont brûlés « pour luthéranisme »; le 12 mai 1547, François Ghesquière est décapité pour avoir dit qu'on doit se confesser à Dieu et non aux prêtres, qu'il n'y a pas de purgatoire et pour avoir chanté des chansons contre des gens d'église; en 1550, Jacques Castie est condamné à faire amende honorable pour avoir parlé contre la confrérie du Saint-Sacrement ; la même année, Jacques Mortagne est décapité « pour paroles contre la foi et l'Eglise » : en 1554, des gens d'Armentières sont fustigés et bannis pour avoir entendu un prêche dans un bois. Ces exécutions n'arrêtent pas la propagande : elles vont provoquer des tentatives de résistance et de rebellion.

Il se forme, à Lille, des sociétés secrètes inspirées par l'esprit de réprobation. L'une d'elles nous est connue par une lettre de Philippe II au seigneur de Courrières, gouverneur de Lille, Douai, Orchies, en date du 20 mai 1556.

« Laquelle confrérie s'appelle Confrérie des compagnons du pourpoint et consiste en ce que, avant que d'estre receu en icelle, ceux qui désirent y entrer font serment de tenir secret ce qui se fait en la dite confrérie ; et, après avoir presté tel serment, ils y sont receus. Et s'en vont iceux confrères souvent de ville en ville voir leurs compagnons ; et, y estant arrivés, ceux d'icelles villes les logent et nourrissent à leurs despens ; et s'entre connaissent iceux compagnons par signes que nul entend que eux-mêmes ; aussi, qu'il y a entre eux aucuns mal conditionnez et aucuns suspects de mal sentir de la foy. Et, pour ce que nous trouvons ces choses de très dangereuse conséquence... »

La résistance contre les persécutions s'organise et les troubles religieux vont bientôt commencer.

VIII

LA RÉFORME AU DÉBUT DU RÈGNE DE PHILIPPE II

Philippe II, Marguerite de Parme et Granvelle. — Les placards de Charles-Quint sont republiés. — L'Église réformée de Lille : Guy de Brès, les Aughier, Jacques Delos, Guillaume Touart, François Varlut. — Nombreuses condamnations.

Philippe II n'avait rien d'un Flamand. Il était né en Espagne d'une mère portugaise. Il parlait avec aisance le latin, le castillan et l'italien, mais il s'exprimait fort mal en français et ne savait pas un mot de flamand. Le 25 juillet 1554, il avait épousé par raison d'Etat Marie Tudor, reine d'Angleterre, qui était plus âgée que lui de douze ans. Vis-à-vis des Flamands, il était froid, hautain, antipathique ; il se défiait des gens des Pays-Bas à cause de leur liberté d'allures en matière politique et de leur esprit de tolérance en matière religieuse. Dès 1559, il retourna en Espagne et ne remit plus les pieds dans ses possessions « de par deçà ».

Il laissait comme gouvernante générale Marguerite de Parme, sa sœur, une bâtarde de Charles-Quint qui était née en 1521, près d'Audenarde. Philippe II pensait que l'origine de Marguerite suffirait à lui concilier la bienveillance des Flamands. Mais, dès l'âge de douze ans, elle avait quitté les Pays-Bas pour l'Italie, où elle avait épousé Alexandre de Médicis, puis Octave Farnèse, duc de Parme. Dans les cours italiennes, elle avait appris la duplicité. C'était une grande travailleuse, mais sans grande énergie et sans grande aptitude politique.

En réalité, elle ne pouvait rien faire sans consulter Granvelle, qui avait effectivement le gouvernement entre les mains. Antoine Perrenot, plus connu sous le nom de cardinal de Granvelle, était un Franc-Comtois de 42 ans, évêque d'Arras depuis 1558, entièrement dévoué à Philippe II. Il n'était ni cruel, ni violent, ni fanatique, comme de nombreux pamphlets l'ont représenté, mais il devint très impopulaire par son zèle à servir son maître qui voulait placer les Pays-Bas sous le joug espagnol et extirper l'hérésie

En ce qui concerne la religion, Philippe II se borna à republier les édits de son père. A Lille, on publie des lettres-patentes du 1er décembre 1557 confirmant les charges des subdélégués des grands inquisiteurs et ordonnant qu'on leur adjoigne quelques officiers de la gouvernance à leur réquisition. Ces subdélégués, Titelman et Pollet, ont à peu près pleins pouvoirs. Le 20 août 1556, on avait republié l'ordonnance d'Augsbourg du 25 septembre 1550. Le 16 décembre 1557, l'ordonnance relative aux livres défendus est renouvelée. Dans le préambule, l'Université de Louvain se plaint des progrès de l'hérésie : « comme le serpent Hydra, de tant plus que l'on coppe, de tant le mal croît-il plus de jour en jour. ». Le catalogue contient plus de deux cents noms d'ouvrages de réformés et d'humanistes et de Bibles, en latin, en grec, en flamand et en français ; il est suivi de la liste des livres « que l'on pourra lire aux enfants ès escholes particulières, outre ceux antérieurs à 1510 » ; grammaires latines, grecques, hébraïques, «auteurs en l'art de réthorique et oratoire», poètes, dialecticiens. Défense est faite, le 25 janvier 1560, de « chanter ou jouer aucunes farces, ballades et chansons auxquelles soient mêlées aucunes questions et propositions ou faits concernant la religion ou les personnes ecclésiastiques ».

*
* *

Malgré la surveillance de l'Inquisition, l'Eglise réformée de Lille s'était organisée. Un prédicateur, Guy de Brès, peintre-verrier de Mons, imprima une vive impulsion au mouvement protestant à Valenciennes, à Tournai et à Lille. En 1554, il se fixe quelque temps à Lille ; en 1555, il se rend en Suisse pour compléter ses études ; il en revient plein d'ardeur, et, de Tournai où il s'installe, il fait de fréquents voyages à Lille. En 1561, il quitte la région pour Sedan.

Dès 1556, il avait réussi à organiser à Lille une communauté avec ses diacres et sa caisse. Parmi les familles les plus zélées pour la réforme, il faut signaler la famille Aughier. Un contemporain, Crespin, a fait une histoire des martyrs, dans laquelle il raconte leur histoire. Robert Aughier et son fils Baudechon, puis huit jours après, la mère, Jeanne Aughier, et le plus jeune fils, Martin, furent brûlés. Sur le bûcher, Jeanne Aughier cria : « Nous sommes chrétiens et ce que nous souffrons ce n'est point pour meurtre ni pour larcin, mais parce que nous ne voulons croire rien de plus que la parole de Dieu. »

Jacques Delos fut jeté en prison, en 1560, pour avoir en sa possession des livres et des écrits hérétiques, pour avoir assisté à des prêches, avoir parlé contre les sacrements, la confession auriculaire et l'autorité du clergé. Quoique simple peigneur de laine, il était instruit, comme en témoignent les lettres dans lesquelles il a donné une relation de ses interrogatoires. Il refusa de faire connaître ses frères en religion. Il leur écrit : « Au reste, mes frères, je vous prie, au nom de Dieu, que nul de vous ne craigne, car je me dispose, moyennant l'aide de mon Dieu (sans laquelle je ne peux rien, et avec laquelle je peux tout), de me faire plutôt déchirer que de mettre personne en danger. Et quant à ma femme, elle maintient qu'elle ne connaît personne, et qu'elle n'est point de cette ville. Priez Dieu pour nous, afin qu'il nous confirme en certaine assurance de sa bonne volonté envers nous. Saluez tout le troupeau en mon nom , que Dieu veuille conserver de mal. Amen. Votre frère, Jacques de Los, prisonnier de Jésus-Christ, le 5 de février. ». Le 16 février, il fut « brûlé tout vif et consumé en cendre, et par avant furent tous ses livres et escripts brûlés en sa présence. ». Sa femme, Jehanne de la Malle, fut « confinée » à Lille pendant un an, condamnée à aller chaque dimanche à la messe, à se confesser et à communier au moins à Pâques, et à présenter, de trois mois en trois mois, un certificat du curé.

Guillaume Touart, dont la maison servait de lieu de réunion aux réformés et qui s'était réfugié à Anvers, y fut noyé dans une cuve pleine d'eau et son corps exposé sur la roue, en 1561.

François Varlut,qui avait prêché à Lille, fut décapité à Tournai, en 1562.

A la suite de ces noms, on en trouve un grand nombre d'autres dans les registres aux sentences criminelles du Magistrat et de la gouvernance. Parmi les condamnés au feu, on peut citer Pierre Petit, sayetteur, brûlé pour propos contre la foi, en novembre 1560 ; Mahieu Lefèvre et Simon Willemain, en mai 1561 ; Jehan Denis, en juin 1561 ; Siméon Herme, en juin. Parmi ceux qui furent décapités, Jeannin Ruffault, sayetteur, et Arnould de la Haye, en décembre 1555; Jean Lefèvre et Jacques Delebecque, bourgeteur, en juin 1561. D'autres étaient battus de verges ou condamnés à faire un escondit (amende honorable), ou au bannissement, ou à une amende. La plupart des condamnés sont des artisans.

Pendant cette période, de 1555 à 1561, le zèle des protestants s'est accru et aussi le nombre des exécutions a augmenté. La recrudescence dans l'activité de la propagande et dans sa hardiesse va amener bientôt une répression plus terrible.

[illegible]

[illegible]

[illegible]

IX

LA RÉFORME A LILLE, DE 1561 A 1566

La crainte des Français à Lille ; mesures de précaution et de défense. — Le magistrat de Lille réprime l'hérésie, mais défend les privilèges de la ville. — Les condamnations.

Jusqu'en 1561, les réformés avaient souffert patiemment sans discuter le pouvoir qui les opprimait. Mais, voyant qu'en France, les huguenots avaient obtenu une certaine tolérance, ils employèrent les mêmes moyens qu'eux, organisèrent des manifestations publiques et rendirent coup pour coup. Nous n'avons pas de preuves directes de l'influence française, mais nous savons que le gouvernement de Bruxelles s'inquiète constamment des menées des Français. En 1562, à Lille, on fait le guet ; on achète du blé et du seigle ; on prend des précautions en cas de siège.

En 1562, maître Jacques de la Torre, secrétaire ordinaire supernuméraire du Conseil privé de Sa Majesté, vient à Lille pour s'informer « sur la conduite et hantise de certains gentilshommes franchois venus par deçà de France, suspects de sinistre pratique contre le dit pays de par-deçà, et pour iceux faire appréhender au corps si besoin fust. » Il s'agissait probablement de deux gentilshommes français au service de Condé, ou du seigneur du Refuge, sénéchal de Saint-Pol.

En avril et en mai de la même année, la présence de seigneurs au service du duc de Vendôme est signalée. Nous ne connaissons pas la raison de ces déplacements : ils correspondent peut-être à une émigration de huguenots français à la suite des massacres de Vassy. Quoi qu'il en soit, la crainte des Français apparaît comme le cauchemar du gouvernement des Pays-Bas, à cette époque. En octobre 1564, Marguerite de Parme ordonne au gouverneur de Lille, Douai, Orchies, de tenir « bon ordre et police dans les places et villes de son gouvernement, afin de prévenir ou arrêter la mortalité de la peste que l'on disait y être assez véhémente en aucune des villes voisines de ces pays, voire aussi avoir pris commencement en aucunes places des pays de par-deçà » ; et dans l'esprit de Marguerite, il semble que les Français aient employé tous les moyens pour donner la peste : « aucuns mauvais esprits étrangers auraient apporté et envoyé par pays des gens qui se devraient mêler d'infecter les maisons et les personnes par quelque poison, allant, les uns comme escholiers, autres comme ramoneurs de cheminées, et autres comme porte-paniers ». Le Magistrat doit veiller à leur entrée, faire bonne garde et prendre des mesures de défense. Marguerite est bien renseignée : au début de 1564, elle fait savoir que Montgomery et quatre gentilshommes français sont entrés en Flandre par Lille. En somme, l'ingérence française est extrêmement probable.

On ne relève pas à Lille, comme à Tournai et à Valenciennes, de processions nocturnes accompagnées de chants. Philippe II avait donné ordre de prévenir toute manifestation semblable. Mais on sait qu'à Tourcoing, à Bondues, à Templeuve, les prêches se tenaient ouvertement.

Pour mieux faire connaître leur doctrine, les réformés avaient dressé une sorte de confession de foi, la confession d'Anvers, et l'avaient adressée à Philippe II. Le 4 novembre 1561, la régente ordonna de saisir tous les exemplaires qu'on trouverait dans la châtellenie de Lille et d'appliquer les placards avec la plus grande sévérité.

*
* *

Le gouvernement de Bruxelles veillait à ce que tous les fonctionnaires fussent dévoués à la religion et la délation était encouragée. En 1564, la régente remplace comme lieutenant de la gouvernance Denis de le Cambe, dit Gantois, qui vient de mourir, par Baulde Cuvillon, qui est « un très bon catholique et qui la tiendra au courant. ».

Les échevins de Lille étaient très zélés pour la répression de l'hérésie, mais cela ne les empêchait pas de défendre énergiquement les privilèges de la ville, par exemple lors de l'arrestation de Paul Chevalier. C'était un ancien cordelier qui avait jeté le froc, était allé étudier à Rouen et était revenu dans les Pays-Bas prêcher la réforme. Il fut arrêté, la nuit, à Lille. Les échevins prétendaient avoir connaissance de l'affaire ; le Conseil privé décida que Paul Chevalier serait jugé conjointement par les officiers de la gouvernance et par les échevins. On sait, par une lettre de la gouvernante jointe à l'arrêt du Conseil privé, que le Magistrat avait interdit aux sergents de la ville de prêter main-forte aux officiers de la gouvernance. Un autre conflit se greffa sur celui-là à propos de la confiscation des biens de Paul Chevalier : le lieutenant de la gouvernance avait prononcé la confiscation ; devant l'opposition du Magistrat, le lieutenant céda. Paul Chevalier fut brûlé vif le 12 décembre 1564.

Un troisième conflit faillit naître au sujet de l'application des décrets du concile de Trente, en 1565. Marguerite avait ordonné au gouverneur de « commettre un de le Loi » pour surveiller l'observance des décrets. Les échevins virent là une atteinte portée à leur autorité ; la régente les assura que telle n'était pas son intention, mais confirma l'ordre qu'elle avait donné et l'affaire en resta là.

*
* *

Toutefois, les échevins ne résistent aux injonctions du gouvernement que quand leurs privilèges sont menacés et chaque année, ils prononcent de nombreuses condamnations pour avoir tenu des propos contraires aux placards, pour avoir causé du scandale aux processions, pour avoir favorisé l'évasion d'un hérétique ou lui avoir donné à manger, pour avoir assisté à un prêche à Bondues ou à Tourcoing, pour avoir en sa possession un livre hérétique, pour avoir représenté des jeux, pour avoir, étant cabaretier, laissé des clients manger gras un samedi.

La plus grosse des peines infligées, c'est le supplice du feu ; il y a parfois de véritables autodafés. Ainsi, le 16 mars 1563, six anabaptistes sont brûlés ensemble ; le 27 mars, quatre autres. Puis, c'est la décapitation, les galères, la fustigation, le bannissement à temps ou définitif, l'exposition, l'escondit ou amende honorable, les amendes pécuniaires, la présence obligatoire aux services religieux, la destruction des livres.

Il n'est pas possible d'entrer dans le détail des différentes affaires. Signalons seulement le procès de quatre peigneurs de sayette, dont l'un avait communiqué un livre interdit à l'un de ses cousins, domestique chez un jésuite. Sur la dénonciation du jésuite, les quatre artisans furent arrêtés, condamnés et brûlés. Ils moururent en chantant ensemble les cantiques traduits en vers par Marot.

C'est surtout dans les villes industrielles et parmi les artisans que la réforme recrute ses adeptes ; la plupart des condamnés sont des tisserands de drap, des peigneurs de sayette, des sayetteurs et des tripiers de velours. Mais on commence à voir apparaître parmi eux des bourgeois : lieutenants de bailli, marchands de laine et drapiers.

X

L'OPPOSITION POLITIQUE ET LA GUERRE DES ICONOCLASTES

L'opposition politique : mécontentement général ; la confédération des nobles : le compromis de Bréda et les Gueux. — Les prêches publics dans la châtellenie de Lille ; l'assemblée de Saint-Trond. — L'émeute : les iconoclastes ; mesures prises à Lille ; Marguerite de Parme est obligée de céder.

C'est par l'aide qu'il trouva dans le mouvement politique que le mouvement religieux put dégénérer en révolution contre le gouvernement espagnol.

A côté de la question protestante, il y avait une autre question religieuse. Une bulle du pape Paul IV, du 12 mai 1559, avait créé dans les Pays-Bas quatorze nouveaux évêchés, et Malines, Utrecht, Cambrai avaient été transformés d'évêchés en archevêchés. Le haut clergé avait mal accueilli cette réforme de l'organisation ecclésiastique, car il avait fallu doter les nouveaux évêchés avec les revenus des autres : les nobles avaient vu avec dépit le clergé représenté par un plus grand nombre de membres aux Etats ; le peuple estimait que la multiplication des hauts dignitaires ecclésiastiques était un nouveau moyen de tyrannie au service de l'Espagne. D'autre part, les bourgeois étaient mécontents de la création de l'Université de Douai (1562) ; ils ne pouvaient plus envoyer leurs enfants faire leurs études en français à l'Université de Paris, qui était suspectée d'hérésie.

A la suite des guerres contre la France, le gouvernement avait voulu maintenir aux Pays-Bas 3.000 hommes de troupe ; leur présence était devenue insupportable. Ils furent rappelés en 1561 : tout le monde paya pour en être débarrassé.

Le pays était gouverné par Marguerite de Parme, Granvelle, et quelques autres conseillers la plupart étrangers. La noblesse des Pays-Bas, ayant à sa tête le prince d'Orange, les comtes d'Egmont et de Horn, fit une opposition légale contre la prépondérance de l'élément étranger, s'attaqua surtout à Granvelle et réussit à obtenir son départ, le 13 mars 1564.

Les nobles étaient aussi d'accord sur la question des placards : tous réprouvaient les persécutions. Le comte d'Egmont fut envoyé par eux à Madrid pour proposer a Philippe II certains moyens de « réformer l'Etat et la religion ». Philippe II ne fit aucune concession et donna même à Marguerite de Parme des ordres plus sévères.

Alors, la haute noblesse s'exaspère et le peuple prend fait et cause pour elle. On dit partout que Philippe II veut introduire dans le pays l'Inquisition espagnole ; de nombreux pamphlets circulent qui réclament la liberté. La triste situation de l'industrie et la cherté excessive du blé portent le mécontentement à son comble, dès la fin de 1565. L'obstination du roi à maintenir les placards et la misère amènent l'union de l'opposition politique et de la réforme.

La confédération des nobles adopte, en 1565, le Compromis de Bréda(dont aucun document ne permet d'attribuer la rédaction à Marnix de Sainte-Aldegonde). Les nobles demandent la suppression de l'inquisition et s'engagent à se prêter un mutuel appui « sans rien tenter au déshonneur de Dieu et du roi ».

Le 5 avril 1566, les nobles présentent à Marguerite de Parme une requête demandant d'abolir l'inquisition et de modérer les placards. Elle promet de la transmettre à Philippe II et de recommander la prudence aux officiers de justice. Le soir, un banquet réunit les nobles qui vinrent avec des besaces et des écuelles. Etait-ce pour répondre à une injure du comte de Berlaimont qui avait dit à la Gouvernante : « Ce ne sont que des gueux » ? Etait-ce plutôt pour marquer que la politique suivie mènerait à la ruine ? Quoi qu'il en soit, on y poussa le cri de « Vivent les gueux ! » qui devait devenir si populaire, et la médaille des gueux, avec le briquet de Bourgogne et les deux mains, se propagea très rapidement.

*
* *

A ce moment, les réformés croient que leur culte sera toléré. Ils proclament leur foi : les bannis et les fugitifs reviennent en masse. A Lille, le Magistrat reçoit de fréquents avis de se tenir sur ses gardes, d'empêcher les assemblées de réformés, d'empêcher les bannis de rentrer, d'éviter toute surprise « que pourraient tenter les ennemis de l'ordre et du bien public ». Le 7 avril,

Granvelle recevait avis qu'à Bruxelles, plus de 600 gentilshommes se disposent à venir à Lille « parce qu'on y fait si grande justice des sectaires ». Philippe II écrit de prendre des précautions. En mai, tous les Lillois sont astreints à faire le guet. Aux environs de Lille les sieurs d'Escobecques et d'Hollain, qui faisaient partie de la confédération, réunissaient de très nombreux adhérents.

De la Gouvernance de Lille, on écrit à Marguerite de Parme : « L'audace et le mérite des sectaires augmente de plus en plus, de sorte qu'ils s'assemblent en la châtellenie de Lille, fréquentement et en divers lieux, en très grand nombre, tel que de deux à trois mille hommes, voire, comme aucuns disent de quatre mille et plus... » et ces personnes y vont « avec telle audace et assurance de liberté, que plusieurs, sans honte, confessent publiquement d'aller auxdits prêches, tellement que nous n'avons plus besoin de tenir informations pour être les personnes assez connues ». Les réformés s'assemblent en armes. Don Alonso del Canto écrit à Philippe II : « Si on écrit à V. M. que les choses vont mieux, qu'elle ne le croie pas : c'est une bourde. »

Dès le 26 juin, la gouvernante avait ordonné d'expulser les étrangers qui viendraient dans la châtellenie. Le 3 juillet, des Lettres patentes défendent les assemblées sous peine de pendaison pour le ministre, de décapitation pour celui qui aura prêté sa maison, de bannissement pour ceux qui y auront assisté. Marguerite de Parme fit connaître ses intentions : Il ne serait pas toléré d'exercice public d'aucune religion dissidente ; le bûcher serait remplacé par le glaive ou la corde ou l'exil.

La noblesse de la Flandre wallonne répondit que le projet de la gouvernante ferait bon effet, mais qu'il était insuffisant et que l'abolition de l'inquisition et de la confiscation s'imposait. Philippe II temporisa pour ne pas approuver le projet.

Les confédérés s'assemblèrent à Saint-Trond, en juillet, et promirent aux réformés de les défendre à main armée, s'il était nécessaire. Ils menacèrent de courir sus aux prêtres, si les hérétiques emprisonnés n'étaient pas relâchés.

Les « prédicants » se multipliaient et les sentiments révolutionnaires se propageaient. L'attitude des seigneurs, les excitations des huguenots français, la misère enfin, déchaînèrent l'émeute.

Des agitateurs parcoururent la Flandre maritime avec de prétendues lettres de Philippe II ordonnant de détruire « les images, les idoles ». Ils débutèrent en août à Hondschoote et à Armentières, brisant les statues et les vitraux, lacérant les tableaux des églises ; puis, ils allèrent à Poperinghe, Ypres, Menin, Wervicq, Marquette, Roubaix, Tourcoing, Leers ; à l'abbaye de Loos, leurs dégâts furent particulièrement importants. Lannoy fut préservé par un prédicant. Les iconoclastes ne volent pas, n'emportent rien ; mais très vite, aux sectaires se mêlent des vagabonds qui pillent l'abbaye de Cysoing, les églises de Lannoy, de Toufflers, etc. En quelques jours, 400 églises sont ravagées, pillées ou brûlées.

A Lille, le baron de Rassenghien, gouverneur, fait bonne garde. D'après le chroniqueur TOUSSAINT CARETTE, il y eut une alerte le 20 août : un curieux, Gervais Delplace, qui visitait l'église Saint-Sauveur, fut soupçonné et arrêté comme iconoclaste, puis relâché parce qu'on ne trouva rien contre lui. Le Magistrat lève des troupes. La Collégiale de Saint-Pierre prend cent hommes à sa solde et donne ordre à ses clercs de se faire couper les cheveux et de laisser pousser la barbe pour n'être pas distingués des laïques. Toussaint Carette ajoute qu'ils portent le manteau long, le chapeau et la rapière au côté. La foire de Lille est contremandée.

Tout manquait à Marguerite, pour une prompte répression. Elle dut céder ; le 23 août 1566, elle permit de déclarer que les prêches ne seraient pas troublés jusqu'à ce que Philippe II eût fait connaître sa décision. En échange, les confédérés promirent d'aider à la répression des pillages.

Dès les premiers jours de septembre, le calme était revenu. Mais les calvinistes, grâce à l'appui des nobles, ont fait céder la gouvernante. Les iconoclastes sont traqués et condamnés à la hart et à la confiscation, mais le calvinisme est pour ainsi dire toléré, et c'est une grande victoire pour lui.

XI

LA RÉFORME AU TEMPS DE PHILIPPE II
LA RÉPRESSION SOUS MARGUERITE DE PARME

L'attitude, les forces et les menées des réformés : Marguerite de Parme retire ses concessions ; nouvelle insurrection dans la région de Lille. — La répression ; Philippe II envoie le duc d'Albe dans les Pays-Bas.

Le peuple se sépara très vite en gueux et en anti-gueux, et cette scission permit au gouvernement espagnol de reprendre la lutte contre l'hérésie.

Les réformés prétendent qu'il ne faut pas limiter la liberté des prêches à certaines localités comme l'avait prescrit Marguerite de Parme, par l'accord du 23 août 1566. Ils prennent des allures insolentes et provocantes ; ils s'organisent. A Lille, ils adressent des requêtes au Magistrat pour obtenir le libre exercice de leur culte ; le Magistrat ne pouvait évidemment pas l'accorder, mais il n'empêche pas les manants d'aller aux prêches. En octobre 1566, le Magistrat fait preuve de tolérance en défendant d'entrer dans aucune maison « par force » et d'arrêter personne, « sauf le cas de flagrant délit ».

Les réformés s'allient étroitement. C'est

ainsi qu'à la nouvelle que des réformés lillois avaient été molestés par les catholiques, les réformés de Tournai écrivent au Magistrat de Lille « qu'ils prendront des vengeances » si le fait se reproduit. Le ministre de Tournai, Ambroise Wille, écrit au consistoire de Valenciennes que Lille, Armentières, les villages des alentours et ceux de la Basse-Flandre sont alliés et enverront du secours là ou quelque église réformée sera menacée : « en moins de rien » ils pourraient mettre sur pied 20 à 30.000 hommes.

Nous sommes renseignés sur leurs forces et leurs menées par un mémoire de Gilles Jovenel, procureur fiscal en la gouvernance de Lille, adressé à la Gouvernante, en novembre 1566. Toute la région qui s'étend de Richebourg à Menin est infectée d'hérésie ; il y a des temples à Merville, Armentières, Warneton, Comines. Des prêches, sont tenus à La Gorgue, à Estaires ; un consistoire, à Laventie : les seigneurs de Noyelles et d'Escobecques y viennent chercher les noms des réformés ; l'amiral de France, Coligny, et le prédicant de Coqueville y assistent, puis passent par Lille. La présence du prince de Condé est signalée aussi dans la région, en particulier, à Menin. Des bateaux chargés d'armes, d'arquebuses, de pistolets, arrivent à Laventie, envoyés d'Allemagne pour les gueux. Les gueux songent à s'emparer de l'abbaye de femmes de Marquette et à en faire une forteresse ; ils peuvent bien mettre en ligne de 20 à 30.000 hommes armés. Pour Jovenel, ce sont les huguenots de France qui ont gâté les sujets de Sa Majesté. Il propose comme remèdes d'interdire les prêches, d'enlever les armes, de mettre des garnisons dans les différents châteaux.

*
* *

Cette attitude des réformés provoque un réveil des sentiments catholiques. Les catholiques s'aperçoivent que le danger est moins grand qu'ils ne l'avaient cru au moment de la guerre des iconoclastes, que l'insurrection a été réprimée assez vite et ils se ressaisissent. Quelques faits le montrent, à Lille.

Un prédicant, Pierre Cornille, serrurier de Lezennes, venu à Lille avec un sauf-conduit pour s'entretenir avec le Gouverneur, est l'objet d'une agression de la part d'un serviteur du Gouverneur qui « le bouta jus de son cheval », après l'avoir manqué avec son pistolet. Le baron de Rassenghien envoya ses excuses au prédicant.

La nouvelle que quelques réformés avaient fait baptiser leurs enfants causa un grand tumulte à Lille, le 15 octobre. La populace enfonça les portes, brisa les fenêtres de leurs maisons, s'empara de quatre de ces enfants et les fit rebaptiser par un prêtre catholique.

Marguerite de Parme profita de ce revirement pour revenir sur les concessions qu'elle avait faites. Dès le 8 octobre, elle ordonna aux prêcheurs de quitter le pays ; on les traqua dans les villes : on démolit les temples. A Lille, le 15 décembre, une procession générale demande à Dieu « d'apaiser son ire » ; la fête de saint Jean et des saints Innocents qui avait lieu les 27 et 28 décembre, est supprimée « pour remédier aux insolences qui pourraient survenir ».

. . . .

Une nouvelle insurrection éclate alors dans la région de Lille. Les réformés étaient maîtres de Tournai et de Valenciennes. Marguerite voulut rétablir son autorité et ordonna à Noircarmes d'occuper la ville de Valenciennes avec des troupes. Mais les Valenciennois refusèrent d'ouvrir leurs portes : il fallut faire le siège de la ville rebelle.

Ambroise Wille invite alors les réformés à s'armer. Sous la conduite de Pierre Cornille, une de leurs bandes brûle l'église de Quesnoy-sur-Deûle ; une autre, commandée par Jean Soreau, pille les églises de Bondues et de Tourcoing. A Templeuve, se réunit une autre bande encore. Tout ce monde se rassemble aux environs de Tournai ; il y a bien 3.000 artisans, manouvriers, « gens de petite défense », et 200 hommes qui ont déjà fait campagne dans les guerres contre les Français. D'autres bandes, qui obéissent à Jean Denis, arrivent à Menin et se dirigent sur Lannoy.

Le Magistrat de Lille est très inquiet. Il craint que les sectaires lillois n'aillent les rejoindre. Le 22 décembre, il ordonne de ne laisser sortir aucun habitant sans qu'il porte sur le pouce droit un cachet de cire qui est apposé à la halle échevinale. Chaque jour, on change la lettre du cachet, et, aux portes, des échevins font le contrôle avec le guet.

L'intention des réformés était, semble-t-il, de troubler Noircarmes dans son siège. Le 26 décembre, le Gouverneur de Lille met en fuite la bande de Jean Denis, près de Croix : elle se réfugie dans l'église de Wattrelos. Rassenghien y fait mettre le feu et deux à trois cents gueux périssent.

Les bandes de Tournai et des environs, venues à leur secours, sont battues complètement par les troupes de Noircarmes, vers Lannoy. 7 à 800 gueux sont tués ; d'autres faits prisonniers, parmi lesquels un capitaine français.

Les résultats de ces victoires furent l'entrée de Noircarmes dans Tournai, où il mit une garnison, et la capitulation de Valenciennes.

La Régente ordonne de procéder contre tous les rebelles, interdit tout colloque ou synode, enjoint de faire prêter à tous les hommes de fief un serment de fidélité plus étroit et de surveiller les étrangers.

Des condamnations sont prononcées à Lille, de mars 1567 à juillet : quatre réformés sont pendus, cinq sont fustigés et bannis, quatre, obligés à un escondit, un à des conditions ecclésiastiques. D'autres réussissent à s'enfuir à Anvers, en Angleterre, en Allemagne.

Au début de l'été de 1567, tout est rentré dans l'ordre : ainsi, le Magistrat de Lille licencie le 7 juin les gens d'armes qu'il avait pris à son service. Marguerite triomphe. Pour arrêter l'émigration, elle s'efforce de gagner la noblesse par des concessions.

Mais Philippe II a appris avec rage qu'elle avait dû céder, en août 1566. Il est incapable de pitié et de pardon. Il veut extirper l'hérésie et mettre les Pays-Bas sous le joug. C'est pour réaliser ces desseins qu'il envoie le duc d'Albe dans les Pays-Bas en août 1567.

XII

LA RÉPRESSION SOUS LE DUC D'ALBE

Le duc d'Albe. — Mesures de rigueur ; soulèvement et émigration. — Exécutions à Lille ; mesures prises pour restaurer le catholicisme ; l'amnistie.

Fernando Alvarez de Tolédo, duc d'Albe (1508-1582), était alors âgé de cinquante-neuf ans. C'était un homme d'une taille élevée, au teint hâlé, au tempérament bilieux. Sa rudesse de caractère le faisait détester. Il avait la haine des protestants : il avait proposé d'ouvrir la tombe de Luther et de faire brûler son corps. Il s'était distingué à Muhlberg, où il avait battu l'électeur de Saxe. En 1565, il avait été choisi par Philippe II pour tenir tête à Catherine de Médicis, aux conférences de Bayonne. Il arrivait dans les Pays-Bas avec l'intention de faire payer de la vie aux chefs du mouvement leur résistance aux volontés du roi. Il disait, en parlant de Guillaume d'Orange et des comtes d'Egmont et de Horn : « Chaque fois que je vois les dépêches de ces trois seigneurs flamands, je me sens ému d'une telle rage que si je ne faisais pas des efforts pour la réprimer, je semblerais atteint de frénésie. Cette rage, il faut la cacher, la garder pour la faire éclater plus irrésistible, quand l'heure sera venue. »

Il était suivi d'une armée d'Espagnols et d'Italiens. La régente comprit que c'était un successeur qu'on lui envoyait, et quitta le pouvoir. Le duc d'Albe devint gouverneur et capitaine général ; il exerça une véritable dictature.

*
* *

Quinze jours après son entrée à Bruxelles, il fait arrêter les comtes d'Egmont et de Horn. Il institue le Conseil des Troubles, appelé Tribunal du sang par les réformés, qui doit punir tous ceux qui ont pris part à l'opposition. Il en exclut les légistes : « Ces gens de loi ne prononcent de condamnations que quand ils ont des preuves » ; le jugement a lieu à huis clos et en l'absence de l'accusé.

Le Magistrat de Lille est mis en demeure d'expliquer sa conduite pendant les années 1566 et 1567 ; il répond en indiquant les mesures qu'il a prises et rappelle qu'il a été félicité à ce propos et remercié par le Roi. Le 21 février 1568, ordre est donné d'arrêter tous les ministres consistoriaux, les briseurs d'images et autres sacrilèges qui se sont réfugiés dans la châtellenie de Lille ; le 21 mars, d'instruire leur procès le plus promptement possible pour qu'ils soient jugés avant le 28 : quelques bons religieux seront chargés de les faire revenir à de meilleurs sentiments vis-à-vis de la sainte Eglise.

Les persécutions recommencent alors. A Lille, le 9 avril, six réformés sont pendus devant la Halle échevinale ; le 10 avril, cinq autres : le 19 août, trois autres ont le même sort. A Bruxelles, les comtes d'Egmont et de Horn sont décapités le 5 juin.

Ces rigueurs provoquent des soulèvements et une recrudescence de l'émigration. Louis de Nassau, Hoogstraeten, Guillaume d'Orange lèvent des troupes, mais sont battus par le duc d'Albe. Celui-ci a plus de mal à réprimer les troubles locaux entretenus par les bannis.

Depuis longtemps, une émigration vers l'Allemagne et l'Angleterre avait commencé. En 1568, des réformés, parmi lesquels figurent des Lillois, fondent une église flamande à Sandwich.

En mars 1568, plus de 50 habitants de la région lilloise sont condamnés à un bannissement perpétuel ; en mai, 30 « sectaires de Tourcoing » sont également bannis. Bon nombre restent dans le pays, soit à Anvers, soit sur la frontière de France, soit dans la région de Lille, mais ils se tiennent cachés dans les bois, d'où le nom de « gueux des bois » qui leur est donné.

Le 26 juin 1568, défense est faite d'entretenir des relations avec les bannis ; le 24 août, les bannis absents ou latitans (cachés) sont sommés de se présenter devant le duc ou son conseil, après s'être réconciliés avec l'Eglise, sous peine de ne pouvoir jamais être reçus en grâce ; la même sommation est renouvelée en vain, le 25 janvier 1569.

Les gueux des bois continuent leurs exploits. Le 1er décembre 1569, Pierre Famelart, curé de Tourcoing, est tué et coupé en morceaux ; le 10 février 1570, le curé de Bourghelles, assailli par eux, réussit à se sauver.

*
* *

Les exécutions continuent : le 21 janvier 1569, Arnould Thiberghien, greffier crimi-

nel d'Armentières, est décapité à Lille ; le 28, Antoine Dupré est décapité, et Philippe Wellecomme, de Tourcoing, « hérétique obstiné », est brûlé ; le 8 février, Jérôme Vienne, boucher de Tourcoing, est exécuté par l'épée ; le 12 mai, Louis Delatombe, de Wattrelos, est décapité ; le 23 mai, Jean Bonniel est brûlé ; le 27 octobre, Lambert le Guillebert, a la tête tranchée ; le 31 octobre, Jean Motte est mis en croix. Après cette da-•e, les exécutions se poursuivent, mais il y a une lacune dans la suite des registres, de 1570 à 1578.

En même temps, le duc d'Albe prend des mesures pour restaurer le catholicisme. Le 12 janvier 1568, il donne ordre d'assister, de garder et de défendre tous les gens d'Eglise ; le 14 février, de réparer les églises et les monastères qui ont été endommagés par les iconoclastes ; le 27 mai 1569, il rappelle les ordonnances précédentes et recommande au Magistrat de Lille de faire escorter les prêtres qui vont porter l'Extrême-Onction. Nulle femme ne peut être reçue sage-femme si elle n'est pas catholique et de bonne renommée ; elle doit faire le serment de dénoncer l'accouchement dans les 24 heures « à peine d'être châtiée et déportée ».

Les imprimeurs sont surveillés, les libelles poursuivis ; un nouveau Catalogue d'ouvrages interdits est dressé ; des mesures sont prises contre les maîtres d'école. Un développement considérable est donné à l'Université de Douai. C'est l'époque où Morillon écrit à Granvelle : « Ce serait bien faire de défendre à nos jeunes gens d'aller en France, car tout ce qui revient de là est corrompu » (3 avril 1568). On interdit d'enseigner dans les Universités à ceux qui n'auront pas fait leurs études à Louvain ou à Douai.

La terreur règne dans les villes, où des troupes sont mises en garnison. A Lille, elles se livrent à toute sorte d'excès contre les habitants, sans distinction de religion. Le Magistrat s'en plaint et il obtient d'en être débarrassé le 2 juillet 1570.

A cette époque, à la suite d'un pardon accordé par le pape Pie V aux hérétiques, Philippe II fait publier une amnistie pour les réformés à la condition qu'ils abjurent leurs erreurs et se conduisent en enfants de l'Eglise. Etaient toutefois exclus de l'amnistie les ministres, les prêcheurs, ceux qui avaient caché des bannis, les briseurs d'images et tous les rebelles. Il y avait donc à cette mesure tant de restrictions que toute efficacité lui était enlevée.

XIII

L'INSURRECTION SOUS LE DUC D'ALBE

Le gouvernement du duc d'Albe : conflit entre le Magistrat de Lille et le duc à propos du privilège de non-confiscation ; la question des impôts. — L'insurrection de 1572 : le duc d'Albe lutte contre les insurgés ; la situation au moment de l'arrivée de Luis de Requesens.

Le duc d'Albe comptait gouverner par l'arbitraire, mais la résistance devint générale et amena la grande insurrection. A Lille, on ne s'insurgea pas, mais le Magistrat opposa une résistance légale, et bon nombre de Lillois furent de cœur avec les insurgés.

Un conflit éclata entre le duc d'Albe et le Magistrat, à propos de confiscations. Lille soutenait que pour aucune cause on ne pouvait confisquer les biens des habitants de la ville et de la châtellenie. Le 29 mars 1568, le duc écrivit au gouverneur qu'il se réservait la connaissance de tout procès à intenter au sujet des biens des rebelles et ordonnait au Magistrat de se déporter de toute connaissance desdits procès. Les confiscations furent exécutées à Lille comme ailleurs.

Entre 1568 et 1573 dans la Flandre wallonne il y eut 150 personnes dont les biens furent confisqués ou annotés (mis sous séquestre) ; on relève 10 noms de personnes titrées, 10 de bourgeois, et 130 de marchands, d'artisans et de laboureurs. Armentières, Roubaix, Lannoy, Quesnoy-sur-Deûle en fournissent la plus grande partie.

Aux réclamations des autorités de la Flandre wallonne, le duc répond qu'on interprète le privilège de non-confiscation autrement qu'il a été octroyé, et il demande copie authentique de ce privilège. Le Magistrat envoie un mémoire invoquant tous les serments des comtes de Flandre à leur entrée dans la ville. Le duc repousse les prétentions des Lillois, mais, à chaque condamnation, le procureur des Etats de la Flandre wallonne répond par un acte d'appellation qui considère la déclaration du duc comme non-avenue.

La résistance légale de Lille se manifeste aussi à propos de la question des impôts. En dépit des confiscations, le duc d'Albe manquait toujours d'argent. Les sommes qu'envoyait Philippe II étaient fréquemment enlevées en route par des corsaires anglais ou des bannis des Pays-Bas réfugiés à Douvres.

Le duc, pour n'être pas obligé de demander des subsides aux différents Etats des provinces, voulut obtenir des Etats-Généraux leur consentement à la levée d'impôts : un impôt levé une fois du 100ᵉ de la valeur de toutes les propriétés (le 100ᵉ denier), un droit permanent sur tous les objets vendus de 10 pour cent, sur les biens meubles, et de 5 pour cent sur les immeubles (10ᵉ denier et 20ᵉ denier). Il exposa la détresse financière et se répandit en menaces.

Ces prétentions soulevèrent une très vive irritation chez les bourgeois et les marchands ; de nombreux chants en ont gardé le souvenir. L'établissement de ces impôts blessait particulièrement les Etats des provinces. Ceux de la Flandre wallonne, le 13 avril 1569, rédigèrent un mémoire où ils s'élevaient énergiquement contre les moyens proposés par le duc d'Albe : le 100e denier qui ferait connaître la fortune de chacun, puisqu'il constituait un véritable impôt sur le revenu était une chose odieuse ; le 10e et le 20e denier seraient la ruine assurée du pays. Le duc refusa toute transaction.

Ils tinrent une nouvelle réunion à Lille, sur l'ordre du duc, en mai, et M. de Rassenghien, gouverneur de la ville, déclara que les Etats devaient donner une réponse définitive et favorable ; en bon subordonné du duc d'Albe, il menaça de « mettre la ville pleine de gendarmerie». Le 21 juin, les Etats se soumirent « pour ne pas être désobéissants à Sa Majesté, sous les conditions suivantes : tous les Etats accorderont au duc les impôts demandés ; « ils espèrent que le duc, mieux informé, ne les forcera pas à établir le 10e et le 20e ». En présence du refus de certains Etats de voter le 10e et le 20e, la perception de ces deux impôts fut remise à plus tard.

En 1571, le duc d'Albe donne l'ordre de faire percevoir de force le 10e et le 20e. Le Magistrat de Lille lui représente que plus du tiers des habitants ont déjà abandonné la ville par suite des exigences fiscales. Le duc, en raison de la cherté des grains exempte le blé des droits de vente et il accepte de s'en rapporter à la déclaration des marchands au lieu de procéder à une sorte d'inquisition fiscale.

L'émigration s'accentue et alors les Etats de Lille et quelques autres envoient une députation à Madrid, en 1572. Philippe II la reçoit « avec un vif déplaisir », le 20 avril, refuse de lui donner satisfaction, puis se ravise le 19 juin et consent à suspendre la perception du 10e et du 20e. Ce revirement curieux s'explique par les nouvelles qui étaient parvenues à Madrid dans l'intervalle.

*
* *

De graves événements venaient, en effet, de se produire aux Pays-Bas. Le 1er avril 1572, les gueux de mer s'étaient emparés de Brielle, en Zélande. Guillaume d'Orange avait lancé une proclamation et l'insurrection avait éclaté. Les provinces de Hollande et de Zélande avaient reconnu pour chef Guillaume d'Orange et avaient déclaré que l'exercice des deux religions serait libre.

Lille et Tournai refusent de recevoir des troupes. Les gueux des bois se rassemblent et s'emparent de Valenciennes, le 23 mai 1572. Le 24, Louis de Nassau s'empare de Mons. Guillaume d'Orange constitue une armée dans la vallée de la Meuse.

Le duc d'Albe ordonne de lever des troupes pour réprimer l'insurrection ; Lille est approvisionnée pour un siège. L'armée espagnole va assiéger Mons.

Louis de Nassau comptait sur le secours des gueux des bois de la région de Lille et sur celui des protestants français. Un marchand de toile de Lille, Antoine Douchet, devait lui amener les premiers, mais ils préférèrent continuer leurs pillages et courir sus aux curés. Douchet fut pris à Tournai et torturé.

Quant aux protestants français, ils se préparaient à une expédition dans les Pays-Bas, lorsqu'ils furent massacrés la nuit de la Saint-Barthélemy (24 août 1572). Ce massacre fut un désastre pour les insurgés des Pays-Bas. Le Magistrat de Lille se montra heureux « des bonnes nouvelles reçues de France. » Et Morillon écrivit à Grandvelle que « sans cela le pays se fût perdu. »

Louis de Nassau dut se rendre, le 19 septembre ; les villes du Sud rentrèrent dans l'obéissance ; dans le Nord, la guerre continua.

Les exécutions ne cessaient pas : on brûlait le bout de la langue des condamnés avec un fer rouge « pour les empêcher de semer leur venin » en allant au supplice. Les pillages se multipliaient ; les curés étaient poursuivis et mis à mal par les insurgés. Dans le Nord, le duc d'Albe commençait à désespérer de réduire les insurgés. Il demanda son rappel. Il quitta Bruxelles le 18 décembre 1573, après avoir remercié le Magistrat de Lille de son obéissance, et il fut remplacé par Luis de Requesens. Le plat pays était désert et inculte ; dans les villes, l'industrie et le commerce étaient ruinés.

Le gouvernement du duc d'Albe se terminait dans la détresse, dans les larmes, dans la haine contre les Espagnols, qu'avait prédite Marguerite de Parme.

XIV

LE GOUVERNEMENT DE DON LUIS DE REQUESENS

Luis de Requesens. Il essaie de rétablir la tranquillité : chasse aux gens de guerre et aux bocqueteaux. — La question financière. La question du départ des troupes espagnoles. Arrivée de Don Juan d'Autriche.

Don Luis de Requesens fut accueilli avec beaucoup de sympathie. Il avait la réputation d'un homme habile et modéré. Cependant, au dire de MORILLON, il était étourdi, indiscret, léger, soudain et précipité ; sa santé était chétive ; il était très nerveux et quand il était contrarié, la fièvre le prenait et il devait se faire saigner. Il avait mission de faire des concessions sauf sur deux points : l'unité religieuse et l'autorité absolue du prince. Le maintien de la religion catholique surtout importait à Philippe II, qui écrivait à propos des Pays-Bas, en juin 1573 : « J'aimerais mieux en être privé que de les posséder sans qu'ils fussent catholiques. »

Requesens devait se montrer conciliant : c'était dans son tempérament. Les procédés du duc d'Albe lui répugnaient. En quittant les Pays-Bas, le duc d'Albe lui avait déclaré avoir reçu de Philippe II l'ordre de faire mourir secrètement des prisonniers français détenus à Lille ; Requesens informe le roi que, n'ayant pas vu un tel ordre écrit, il ne peut se déterminer à son exécution et qu'il attend. Ce trait caractérise les façons d'agir des deux personnages.

Pour rétablir la tranquillité, Requesens fait donner la chasse aux gens de guerre qui ravagent le pays : en août 1574, trois soldats sont pendus à Lille ; un autre est fustigé.

Il prend des mesures sévères contre les bocqueteaux ; tout vagabond et voleur est déclaré rebelle et ennemi commun, on peut le tuer impunément ; des récompenses en argent sont données à ceux qui arrêtent, qui tuent ou qui font arrêter par dénonciation les pillards. Les paysans reçoivent l'ordre de mettre en sûreté leurs vivres, de faire le guet et au besoin de mettre le feu à leurs villages s'ils ne peuvent les défendre.

Le 8 mars 1574, des lettres-patentes accordent pardon et rémission à tous ceux qui, repentis, rentrent dans le giron et l'obédience de l'Eglise et se font absoudre par les évêques diocésains. Le pape Grégoire XIII complète cette mesure en accordant le 30 mars, un pardon général aux habitants des Pays-Bas coupables d'hérésie. 291 personnes étaient exclues du pardon dans les Pays-Bas ; la plupart étaient d'Amsterdam, d'Anvers, de Malines, de Bruxelles et de Tournai : on ne relève qu'un nom pour la châtellerie de Lille, celui de Waleran Thevelin.

Selon le baron de Rassenghien, gouverneur de Lille, la publication du pardon fit merveille dans la châtellenie. Mais les événements semblent le contredire : le nombre des exploits des bocqueteaux ne diminue pas. TOUSSAINT CARETTE raconte que « le 9 février 1575, entre quatre et cinq heures du soir, furent exécutés de par le prévôt du Marissel, devant la maison de la ville de Lille, deux bocqueteaux, lesquels allaient de nuit par les censes, avec leurs complices et pendaient les gens, leur brûlaient les pieds pour leur faire connaître où était leur argent. De longtemps, non vue telle justice, en ladite ville, si comme d'être attachés à une estaque avec une longue chaîne, et couraient ainsi à l'entour du feu, ne pouvant approcher dudit feu que de trois pieds, étant au bout de la chaîne, et étant à l'encontre de l'estaque appuyé, ledit feu étant distant d'eux plus de six pieds. C'était chose pitoyable de regarder. Je prie Dieu les recevoir à miséricorde. » D'ailleurs, le 3 août 1575 paraît une ordonnance du gouverneur de Lille relative aux brigands. Et le 3 septembre, MORILLON écrit à Granvelle : « Il fait sûr en Hainaut et en Artois, mais il y a encore beaucoup de brigands aux quartiers de Saint-Amand, Lille et Ypres. »

D'autre part, Guillaume d'Orange voulait arracher à l'Espagne de larges concessions. Il écrit que la paix ne pourra se faire qu'aux conditions suivantes : retrait des troupes espagnoles, libre exercice de la parole de Dieu, restitution des droits, libertés et privilèges enlevés par le duc d'Albe. Il ne songe pas encore à soustraire les Pays-Bas à la domination de l'Espagne.

*
* *

La situation financière ne s'était pas améliorée non plus. Le duc d'Albe, resté très puissant dans les conseils du roi, essaya de faire revenir Philippe II sur les concessions qu'il avait faites aux députés des Pays-Bas, en juin 1572. Mais, Requesens, franchement hostile aux impôts du 10e et du 20e denier, qu'il considérait comme la cause des troubles, l'emporta, et le 12 mai 1574, Philippe II l'autorisa à y renoncer officiellement.

Requesens propose, en juin 1574, de faire payer un second 100e ; les Etats-Généraux lui répondent en réclamant le renvoi des troupes. Il dissout alors les Etats-Généraux et s'adresse aux Etats particuliers. Ceux de la Flandre wallonne rachètent le 100e en donnant 200.000 florins, mais font céder Requesens sur la question des confiscations ; le privilège de non-confiscation est reconnu et ils obtiennent le renvoi à la gouvernance de tous les procès pendants au Conseil des Troubles, qui seront jugés suivant les us et coutumes des villes et châtellenies de la Flandre wallonne.

Dans les autres provinces et dans le Conseil d'Etat, Requesens rencontrait une telle résistance qu'en février 1576, il conseillait au roi « d'accorder aux Etats des Pays-Bas tout ce qu'ils voudraient ».

L'opinion générale était qu'il fallait chasser les troupes espagnoles, reconquérir les privilèges et finir la guerre contre Guillaume d'Orange. Tout le pays est partisan de la tolérance. A Lille, on fait une procession générale pour prier Dieu que Philippe II veuille bien faire sa paix avec Guillaume d'Orange et les calvinistes.

On tenta de négocier à Bréda, mais sans succès. La guerre continua. Requesens mourut le 5 mars 1576.

Ce fut le Conseil d'Etat qui prit en main les affaires en attendant le nouveau gouverneur. Sous l'influence des Etats-Généraux et du Conseil d'Etat, le mouvement contre les Espagnols s'accentua. L'armée espagnole, laissée sans solde, s'était mise à piller, avait fait le sac de plusieurs villes. Alors, le Conseil d'Etat ordonne de courir sus aux troupes espagnoles et il charge le baron de Rassenghien d'aller demander à Philippe II de les rappeler.

Le 5 novembre 1576, les Espagnols font le sac d'Anvers. Les députés signent un acte de défense, la Pacification de Gand (8 novembre). Toutes les provinces se promettent un mutuel appui pour chasser les Espagnols, et Guillaume d'Orange, qui jusque-là se bornait à défendre les provinces calvinistes du Nord, apparaît comme le chef d'un grand parti national. Les ordonnances du duc d'Albe et les placards sont suspendus provisoirement. Il est entendu qu'on s'occupera de la question religieuse quand la paix sera rétablie.

Le nouveau gouverneur, Don Juan d'Autriche, le vainqueur de Lépante, arrivait avec une mission de paix. Avant de le reconnaître, les Etats-Généraux exigèrent le départ des soldats, la ratification de la Pacification et le rétablissement des privilèges du pays. Le 9 janvier 1577, les Etats-Généraux et le Conseil d'Etat signèrent la première Union de Bruxelles, qui renforçait la Pacification.

Don Juan approuva l'acte de Pacification, promit l'amnistie et fit partir les 20.000 fantassins et les 12.000 cavaliers espagnols. Quand ils furent éloignés il put, le 1er mai 1577, faire son entrée à Bruxelles et être reconnu comme gouverneur-général des Pays-Bas.

XV

LILLE SE SÉPARE DES PATRIOTES

La désunion. Démolition du château de Courtrai. Les excès des Gantois. — La Paix de Religion est mal accueillie dans la région de Lille. — Montigny et les Malcontents. Les Malcontents sont maîtres de la Flandre wallonne, en 1578.

L'union ne dura pas. On s'était entendu pour obtenir le renvoi des troupes espagnoles : après leur départ, on se divisa. Les uns prirent parti pour Don Juan et lui restèrent fidèles, même après qu'il eut accompli un véritable coup d'Etat en s'emparant de la citadelle de Namur et en rappelant les troupes espagnoles. Les catholiques patriotes firent appel au duc d'Anjou, frère du roi de France, qui prit le titre pompeux de « défenseur de la liberté des Pays-Bas » et s'établit à Mons ; une autre fraction composée surtout de calvinistes, à Jean-Casimir, frère de l'Electeur palatin, qui arriva avec des bandes allemandes. Le parti des Etats-Généraux appela l'archiduc Mathias, frère de l'empereur Rodolphe II, et le prince d'Orange se fit nommer lieutenant-général de Mathias.

Quelle fut l'attitude des Lillois dans cette désunion ? Lille n'avait pas à se plaindre des Etats-Généraux, au contraire En 1577, un ingénieur italien, Carolo Théty, vint diriger la restauration de certaines parties des fortifications. Les Lillois s'y employèrent avec plaisir : il y eut, le premier jour, plus de 6.000 travailleurs. Dans le faubourg Saint-Pierre, on dut démolir le couvent des Dominicains et les religieux furent autorisés à s'installer «intra muros» rue Basse, où ils avaient déjà un refuge, à côté de l'hôpital des Grimarets, par des lettres-patentes de Philippe II du 24 juillet 1578. Le Magistrat profita de ces travaux pour supprimer le château de Courtrai ; il avait toujours vu avec dépit cette forteresse dirigée bien plus contre les habitants que contre les étrangers. Les Etats-Généraux accordèrent à Lille l'autorisation nécessaire, et la démolition commença, en l'absence du gouverneur, M. de Rassenghien qui était alors à Bruxelles, et malgré l'opposition de ses soudoyers. Le 31 octobre 1577, il fut enjoint à tous les habitants d'aller personnellement travailler au démantèlement du château, ou, à défaut, de payer quatre patars par jour. Les murs furent vite démolis du côté de la ville; les demeures furent laissées au capitaine, à ses lieutenants et soudoyers qui obtinrent d'y rester ; la chapelle qui fut conservée devait devenir bientôt l'église paroissiale du quartier. La ville avait donc tiré profit du gouvernement des Etats-Généraux.

Il fallait des choses graves pour rompre l'entente avec eux. En octobre 1577, les calvinistes s'emparent de l'Hôtel de Ville de Gand et font prisonniers quelques grands personnages parmi lesquels M. de Rassenghien, à qui semblable mésaventure était déjà arrivée, cette même année, à Bruxelles, en janvier, et à Douai, en août. Les députés des Etats de la Flandre wallonne sollicitent la mise en liberté de leur gouverneur, mais se heurtent au refus des Gantois.

Les Gantois s'emparent de Hulst, de Courtraï, de Bruges, en mars 1578 ; d'Ypres, en juillet. Partout ils installent des comités, de véritables petites communes insurrectionnelles qui dictent leurs volontés au Magistrat. Ils profanent les églises, les transforment en temples, persécutent les catholiques. Les habitants des provinces du Sud et particulièrement les Lillois protestent ; ils craignent une nouvelle guerre des iconoclastes. Les Lillois sont excités contre les Etats-Généraux qui laissent faire les Gantois, par les autorités et par les membres de la Chambre des Comptes.

Les Gantois s'approchent de la ville, dans le dessein de la surprendre. Le Magistrat prend des mesures de défense ; il fait le recensement des étrangers et enjoint à ceux qui n'ont pas trois mois de résidence dans Lille, d'en sortir ; il fait une levée de 50 chevaux et de 200 fantassins. Les Gantois n'osent pas tenter leur coup de main ; ils négocient : l'un d'entre eux, Ryhove, vient pour s'entendre avec le Magistrat. Le Magistrat veut bien ne pas considérer « ceux de Gand » comme des ennemis, mais il n'accepte pas de garnison gantoise et refuse de tolérer les prêches.

Guillaume d'Orange, partisan de la liberté religieuse, avait présenté aux Etats-Généraux une requête pour demander la tolérance. Il y eut une longue discussion et le 22 juillet 1578 fut proclamée la Paix de Religion.

Déjà, dans la Flandre wallonne, les réformés avaient recommencé à prêcher. En juillet 1578, le prévôt de Lille, avec ses happe-chairs (sergents), se rend à Prémesques pour arrêter un prédicant en plein prêche. « Lors aucuns de ladite assemblée d'auditeurs commencèrent à dégainer leurs espées et dagues, et aultres n'ayant armes prirent des pierres et bastons qu'ils povoient treuver prestement, disant qu'ils n'emmèneroient ledit prédicant et qu'ils le laissassent incontinent aller. Sur ce, frappèrent iceux de Lille en ladite troupe, comme faisoient aucuns d'icelle troupe après lesdits de Lille... Ung desdits auditeurs y demeura en la place, et plusieurs desdits du prévôt furent blessés, tellement, qu'ils, happe-chairs, furent contraints de prendre la fuite et abandonner ledit prédicant... Ils avoient fait par trop cruels tourments comme lesdits tenants ladite religion papale, ou grande partie d'eux, proposoient de encore à l'avenir renouveler les playes, de brusler, et autrement tourmenter lesdits désirant vivre selon la dicte religion réformée. »

Lille, redevenue extrêmement catholique, voit cela avec beaucoup de tristesse. Les provinces méridionales : Hainaut, Flandre wallonne, Artois, ne veulent pas de la tolérance. Le 4 août, les Etats de la Flandre wallonne déclarent qu'ils ne permettront pas l'exercice de la religion réformée. Certains réformés lillois, craignant un massacre, quittent alors la ville pour n'y plus revenir.

*
* *

L'opposition des provinces du Sud fut renforcée par l'appui des Malcontents. C'étaient des régiments wallons, engagés pour lutter contre les Espagnols, qui, sans emploi depuis, avaient été mis en subsistance dans le Hainaut et dans l'Artois et étaient laissés sans solde. Leur chef, Emmanuel de Lallaing, baron de Montigny, attribuait leur triste situation à l'influence de Guillaume d'Orange dans les Etats-Généraux.

Les Malcontents se révoltent et s'emparent de Menin par surprise ; les bourgeois sont tués et la ville pillée. Montigny se fortifie dans Menin et repousse diverses attaques. Les Lillois ne savent quelle attitude tenir entre les gens d'Ypres qui les invitent à s'unir à eux contre les Malcontents, sous peine de voir cesser tout trafic entre Ypres et la châtellenie de Lille, et Montigny, qui leur enjoint d'avoir à fournir aux Malcontents des vivres et des munitions. Le Magistrat, perplexe, fait exposer sa situation à l'archiduc Mathias et aux Etats-Généraux qui envoient Ponthus de Noyelles, seigneur de Bours, pour négocier avec Montigny. Mais ces négociations n'aboutissent pas.

Jean-Casimir était venu à Courtrai. N'osant pas attaquer Montigny, il avait mis 500 hommes à Lannoy pour couper les communications des Malcontents avec le duc d'Anjou qui était à Mons. Mais les Français surprennent Lannoy et y mettent une garnison, et les Malcontents, renforcés par les Français, battent les reîtres de Jean-Casimir.

A la fin de 1578, les Malcontents sont maîtres de la Flandre wallonne et de la Flandre maritime. Par suite des excès des Gantois, Lille s'est séparée des Etats-Généraux. Bientôt, elle va se réconcilier avec l'Espagne.

XVI

LA RÉCONCILIATION AVEC L'ESPAGNE

—

L'Union d'Arras : Lille réserve son adhésion ; sentiments catholiques des Lillois. — Alexandre Farnèse et Valentin de Pardieu : le traité de Mont-Saint-Éloi-lez-Arras ; tentative des Gantois sur Douai, et traité de réconciliation du 17 mai 1579. — Les hostilités entre les provinces du Nord, séparées du reste des Pays-Bas, par l'Union d'Utrecht, et les provinces du Sud.

Le 13 octobre 1578, aux Etats du Hainaut réunis à Mons, le comte de Lallaing dit que la religion catholique se perd de tous côtés, et le clergé déclare que le meilleur parti à prendre est de se réconcilier avec l'Espagne et de former une ligue entre toutes les provinces qui souhaitent cette réconciliation. Les Etats prennent la résolution d'envoyer aux Etats d'Artois, du Tournaisis, de la Flandre wallonne, des députés pour avoir leur avis. L'idée d'une séparation entre les provinces du Nord et celles du Sud était lancée : elle fit son chemin.

Les Etats-Généraux et l'archiduc Mathias firent tout le possible pour empêcher cette scission. Ils invoquèrent la Pacification de Gand et l'Union de Bruxelles ; ils prirent l'engagement que la religion prétendue réformée ne serait « ni admise, ni introduite dans les provinces du Sud ». Le Hainaut et l'Artois répondirent qu'ils étaient décidés à respecter la Pacification de Gand et l'Union de Bruxelles, mais qu'il était nécessaire de se liguer contre les Gantois pour les obliger à respecter ces actes.

Les députés de Douai signèrent l'Union d'Arras du 7 janvier 1579 ; ceux de Lille et d'Orchies se réservèrent, ainsi que ceux de Tournai et de Valenciennes ; ces deux dernières villes renfermaient, il est vrai, beaucoup de protestants.

Il est assez étonnant que Lille n'ait pas suivi, à ce moment. En effet, le Magistrat était entièrement catholique. Au renouvellement de 1578, l'archiduc Mathias avait choisi comme commissaires le comte de Houchin et quelques autres suspectés d'hérésie. Selon MORILLON, ceux-là devaient « fourrer des consistoriaux dans le Magistrat » et ils avaient reçu la liste des principaux hérétiques de Lille. Mais un conseiller assesseur à la gouvernance souleva les bourgeois et à la tête de deux mille d'entre eux, se rendit chez M. de Willerval, qui était gouverneur intérimaire pendant que M. de Rassenghien était en prison à Gand. Il demanda que les commissaires chargés de l'élection et « la Loy tout entière » fussent choisis parmi les catholiques. Si des réformés étaient choisis, les bourgeois n'hésiteraient pas à les massacrer. M. de Willerval en référa à l'archiduc Mathias qui le laissa libre de faire ce qu'il jugerait opportun, et, le 15 novembre, le Magistrat fut renouvelé : il ne comprit que de bons catholiques. Aussitôt en fonctions, il fit appréhender et expulser « les gens de la religion prétendue réformée » et ceux qui étaient suspects de leur être favorables ; il donna son appui à Montigny et aux Malcontents.

*
* *

Le 23 janvier 1579, les provinces du Nord se séparèrent par l'Union d'Utrecht, de la généralité des Pays-Bas : cela équivalait à la proscription du catholicisme dans ces provinces, et le salut de la religion catholique parut ne plus exister que dans une réconciliation avec l'Espagne.

Don Juan d'Autriche était mort le 2 octobre 1578. Son successeur, Alexandre Farnèse, duc de Parme, fils de Marguerite, avait 34 ans. C'était un des premiers capitaines du temps et un politique très habile. Il contribua beaucoup à la réconciliation. Il avait pour instructions de gouverner avec douceur, de rechercher l'entente, de promettre le pardon à tous, à la condition que la religion catholique serait maintenue, ainsi que l'obéissance au roi.

Il fut aidé par Valentin de Pardieu, seigneur de la Motte, qui s'entremit auprès des Etats des provinces méridionales et des Malcontents de Montigny. Par le traité du Mont-Saint-Eloi-lez-Arras, le 6 avril 1579, il fut décidé que Montigny et les Malcontents lutteraient pour la religion catholique et que les provinces rentreraient dans l'obéissance si les troupes étrangères étaient rappelées. Le traité fut confirmé le 7, dans la cathédrale d'Arras, devant les députés de Lille, de Douai et d'Orchies.

Les provinces wallonnes, Hainaut, Artois et Flandre, firent alors connaître leur intention de se rapprocher de l'Espagne. Tournai, Cambrai et Bouchain restèrent en dehors du mouvement. Les Etats-Généraux répondirent par un appel à l'union de tous.

Les affaires en étaient là quand les Gantois firent une tentative sur Douai, le 16 avril 1579. Quatre compagnies, commandées par Cosme Pasarengis, qui avait été lombard (banquier), à Douai, et quatre autres, sous les ordres de LE PETIT, qui a laissé des mémoires intéressants, essayèrent de s'emparer de la ville par surprise. Ils ne réussirent pas, mais ils infligèrent un échec aux Malcontents qui les avaient poursuivis, à Blandain.

L'audace des Gantois leva les dernières hésitations des provinces wallonnes. L'Artois, le Hainaut, la Flandre wallonne signèrent avec Alexandre Farnèse le traité d'Arras du 17 mai 1579, qui leur assurait le respect de la Pacification, l'oubli du passé, la restitution de leurs privilèges. Philippe II envoya sa confirmation le 12 septembre 1579 : elle fut publiée à Lille, le 20. On avait édifié, pour la circonstance, une sorte de théâtre, et de petits gâteaux en forme de coquilles furent lancés au peuple, du haut du beffroi. Le lendemain, il y eut une procession générale et les rues les mieux ornées obtinrent des récompenses.

*
* *

Mais, par le fait de cette réconciliation, l'union n'existait plus. En dépit des assurances données par les provinces wallonnes aux Etats-Généraux, c'était une scission. Les Etats-Généraux et les Gantois considérèrent les Malcontents et les provinces du Sud comme des ennemis, et les hostilités recommencèrent.

A la tête des troupes des Gantois et des Etats-Généraux était un Francais, François de la Noue, dit Bras-de-Fer. Il obligea les

Malcontents à quitter les environs d'Ypres. Bientôt, on craignit pour Lille.

Le 15 juin 1579, M. de Rassenghien s'échappa de sa prison et arriva à Lille, le 23. Une grande foule alla au devant de lui et il y eut de grandes réjouissances. Pour se venger des Gantois qui l'avaient emprisonné, et des Etats-Généraux qui ne leur avaient pas ordonné de le relâcher, il aida de tout son pouvoir les Malcontents.

Le 23 octobre, des Ecossais au service des Gantois s'emparent de Menin, par surprise : c'était la principale forteresse des Malcontents. Lille était menacée, d'autant plus que Tournai, Saint-Amand, Mortagne se prononçaient pour les Etats-Généraux, et que La Noue tenait la campagne aux environs.

Le comte de Lallaing n'exagérait pas quand il écrivait à Granvelle que « la châtellenie de Lille serait bientôt toute ravagée par suite de la perte de Menin ».

XVII

LES HURLUS DE MENIN ET DE TOURNAI CONTRE LILLE

Les Hurlus de Tournai. Le coup de main de mai 1581 : Quintie Le Monnier et la trahison de quelques bourgeois de Lille, le récit de Buzelin. Farnèse reprend Tournai. — L'attaque des Hurlus de Menin en 1582 : l'histoire ou plutôt la légende de Jeanne Maillotte. Les Malcontents rentrent à Menin.

La Noue s'empare de Wervicq, Comines, Warneton, Halluin et bat les Malcontents à Bondues. Il pousse une pointe sur Lille, mais après un échec devant l'abbaye de Marquette retourne en France. Les Malcontents alors font le siège du château de Quesnoy-sur-Deûle, qui se rend, chassent les Flamands et les Ecossais de Comines et de Wervicq et se dirigent vers le Tournaisis.

Flamands et Ecossais profitent de cette marche vers Tournai pour diriger une attaque sur Lille. (Ce sont eux que les Lillois appellent Hurlus ou quelquefois Hurleurs. Ce nom, qui n'est pas connu ailleurs, vient sans doute de ce que les troupes anglaises ou écossaises à la solde des Etats-

Généraux avaient l'habitude de pousser des « Hurrah ! » en attaquant). Le 31 décembre 1579, selon MAHIEU MANTEAU, ils firent une sorte de razzia, pillant les faubourgs de La Madeleine et de Fives, brûlant les moulins et rançonnant les habitants.

En mai 1580, La Noue essaya de surprendre Lille sans y réussir et fut fait prisonnier par le marquis de Roubaix quelques jours après. On faisait bonne garde à Lille, depuis le début de 1580, et on avait chassé de la ville ceux qu'on suspectait d'hérésie ou simplement d'être sympathiques aux Etats-Généraux ; en avril, mai, juin, juillet, août 1580 il y a des bannissements en masse. On défend aux marchands de hanter les provinces non réconciliées avec l'Espagne ; on donne l'ordre d'enfermer les grains et les blés dans les villes pour les soustraire aux pillages ; les chevaux et autres bestiaux doivent être marqués d'une marque visible.

Le 9 août 1580, les Hurlus de Tournai mettent le feu à l'église d'Hellemmes. En mai 1581, un coup de main des mêmes Hurlus faillit réussir. Des bourgeois de Lille, Jean Drumetz, Michel Lefebvre, Adrien Plat, avaient promis de livrer les portes de la ville au prince d'Epinoy. On trouve des renseignements sur ce fait dans MAHIEU MANTEAU, et surtout dans les « Annales Gallo-Flandriæ », de BUZELIN (Douai, 1624), qui cite comme source les « Commentarii » de Bauduin de Croix, seigneur de WAÏEMBOURG. L'histoire que raconte Buzelin est si romanesque qu'elle paraît légendaire.

Une jeune fille de Tournai, Quintie Le Monnier, dont le frère était chanoine de la collégiale de Saint-Pierre, à Lille, et dont les sœurs habitaient Lille, voit un soir des femmes richement habillées, mais d'allures masculines, frapper à la porte du prévôt ; le prévôt refuse de les loger et on les conduit dans une auberge mal famée. Puis, elle voit rentrer chez le prévôt des armes, des échelles, des canons. Que peut-on tramer ? Quintie Le Monnier se dit qu'il s'agit sans doute d'une tentative de surprise de Lille, et elle charge un émissaire d'avertir de ses craintes son frère, le chanoine, qui s'empresse d'informer M. de Rassenghien. Le signalement d'un capitaine de Tournai qui vient souvent à Lille est publié ; 50 à 60 bourgeois suspects sont jetés en prison ; la garde est doublée.

Le 8 mai Jean Drumetz est arrêté pendant qu'il causait avec le capitaine tournaisien, déguisé en charretier, en face du Cerf-d'Or. Mis à la torture, il dévoile le complot. Il avait reçu 6.000 livres pour livrer la porte des Malades le 10 mai, et un teinturier, Michel Lefebvre, capitaine d'une compagnie bourgeoise, 6.000 livres pour livrer la porte du Molinel. Un autre bourgeois, Adrien Plat, surpris au moment où il mesurait la profondeur des fossés, fut aussi arrêté. L'attaque des Hurlus se produisit le 10 mai et fut repoussée. Buzelin dit qu'on rendit grâces à Dieu et que Quintie Le Monnier fut généreusement récompensée.

Dans deux chroniques postérieures, on trouve plus de détails. Les Tournaisiens devaient demander : « L'infant dort-il ? » et s'avancer si les conjurés répondaient : « L'infant dort. » Il est difficile de faire le départ entre la vérité et la légende. Le nom de l'héroïne se retrouve à Tournai : Quinte Monnier y dirigeait une école de filles, en 1570, et elle avait deux sœurs. Mais dans la liste des chanoines de Saint-Pierre ne figure pas le nom de son frère, et il n'y a pas trace de récompense dans les comptes de l'échevinage aux Archives municipales. Les détails du récit de Buzelin apparaissent donc impossibles à contrôler et assez suspects, mais la trahison de quelques bourgeois est certaine : leurs condamnations et leurs supplices en font foi : Jean Drumetz fut décapité le 7 juin, Michel Lefebvre, le 9 ; Adrien Plat fut pendu le 13, et un paysan de Baisieux, Barthélemy Deconinck, qui avait rendu des services aux Hurlus, le 28.

Cet échec n'arrêta pas longtemps l'audace des Hurlus. En août, ceux de Menin pillèrent et incendièrent Wambrechies, Lambersart, Lompret, Lomme.

Alexandre Farnèse profita de l'affaiblissement de la garnison de Tournai par suite du départ du prince d'Epinoy et de plusieurs compagnies pour investir la place, le 5 octobre. Malgré la belle défense des Tournaisiens excités par Chrétienne de Lallaing, princesse d'Epinoy, Alexandre Farnèse entra dans la ville, le 1er décembre. Le 10, il vint fêter son succès à Lille, où il fut reçu en grand triomphe : il y eut « des feux de joie et esbattements ».

Les troupes d'Alexandre Farnèse occupèrent alors les environs de Lille ; mais les Etats de la Flandre wallonne qui devaient fournir leur subsistance demandèrent leur départ et, les troupes parties, les Hurlus de Menin recommencèrent leurs incursions.

*
* *

« Le 29 de juillet 1582, dit Mahieu Manteau, les Hurlus de la ville de Menin, lesquels sont venus, au matin, au faubourg de Courtrai, lesquels buvant en plusieurs tavernes de tous les faubourgs, lesquels ayant les armes cachées, et après les vêpres de La Madeleine faites, les Hurlus, étant secondés d'une compagnie qui les venait rafraîchir, sont venus sur le riez du château (place aux Bleuets actuelle), et ont tué un homme du château qui les regardait ; et alors on commença à tirer et à décharger les canons du rempart ; et puis, les archers de la confrérie de Saint-Sébastien, lesquels étant dans leur jardin, coururent après et décochèrent tant de leurs traits ou flèches qu'ils en tuèrent plusieurs Hurlus ; dont furent pris audit faubourg tant d'hommes que femmes de la ville de Lille que des villages, plus d'un cent, lesquels allaient promener, et puis après, mirent le feu par tout le faubourg de Courtrai et autres. » La chronique de Bocquet dit la même chose en résumé. Celle de Monnoyer ne diffère guère des autres.

Derode, Brun-Lavainne, Van Hende racontent que Jeanne Maillotte, armée d'une vieille hallebarde se mit à la tête des archers pour repousser les agresseurs. Il est possible que les femmes se soient jointes aux hommes pour chasser les Hurlus, mais ce n'est pas certain : les chroniqueurs du temps n'en parlent pas, les chroniqueurs postérieurs non plus. Buzelin parle des archers, mais non d'une femme. Un document officiel, une ordonnance de Philippe IV rappelle les services des archers « lorsque, à coups de flèches, ils repoussèrent seuls, valeureusement et au danger de leurs vies, les rebelles de Menin s'étant emparés du faubourg de Courtrai où ils mirent le feu... », mais ne mentionne pas Jeanne Maillotte.

Cela ne prouve pas que Jeanne Maillotte n'ait pas joué un rôle, mais constitue quand même une forte présomption. Il y a bien plusieurs tableaux, à l'administration des hospices et au Palais des Beaux-Arts, où l'on voit une femme au milieu des archers ; mais ces peintures sont très postérieures à l'événement et rien ne dit que la femme soit d'ailleurs Jeanne Maillotte. Quant aux vers qui figuraient sur un tableau, ils forment un tout dans les quatre premières strophes, et la cinquième, où figure le nom de Jeanne Maillotte est évidemment une addition postérieure.

En réalité, le nom de Jeanne Maillotte n'apparaît qu'au XVIIIe siècle, dans un Placard d'Ephémérides, Particularités et Antiquités de la ville ; il y est question de « Maillotte, hôtesse du Jardin de l'Arc ». Plus tard, elle est appelée Jeanne (probablement parce que l'héroïne de Beauvais est Jeanne Hachette).

D'où vient son nom ? Il existe au XVIe siècle des Maillot, parmi les bourgeois de Lille. Maillotte est-il un diminutif de Marie, ou un surnom ayant la signification qu'il a conservée dans le patois lillois ? Il est difficile de le dire.

En somme, le nom de Jeanne Maillotte n'a pas été porté par quelqu'un, mais il personnifie la part que les femmes ont pu prendre à la défense, et, à ce titre, il doit être retenu.

* * *

Après cette attaque, les Lillois réclamèrent la protection d'Alexandre Farnèse contre les Hurlus de Menin, et des forts furent établis, qui les empêchèrent de ravager de nouveau la Flandre wallonne. En 1583, les Etats-Généraux en retirèrent la garnison écossaise et les Malcontents y pénétrèrent « non sans grande réjouissance de ceux de Lille », dit le chroniqueur LE PETIT.

Les Etats de la Flandre wallonne en témoignèrent leur reconnaissance en votant 60.000 florins à Philippe II. Les temps étaient bien changés depuis la Pacification de Gand : le désir de la majorité des Lillois de rester catholiques et les excès des calvinistes gantois avaient fait ce miracle.

XVIII

LILLE, DE 1583 A LA FIN DE LA GUERRE

Événements généraux ; la trêve d'Anvers de 1609. — Les maux de la guerre à Lille et dans la châtellenie : ravages des soldats. Poursuites contre les hérétiques : la population diminue. — La misère et la peste : loi du maximum, ateliers municipaux, taxe des aisés. — Les Lillois et le cabaret ; réjouissances.

Alexandre Farnèse continua la campagne contre les troupes des Etats-Généraux et reprit de nombreuses places, de 1582 à 1584. Son compétiteur, le duc d'Anjou, meurt en 1584, et Guillaume d'Orange est assassiné le 10 juillet de la même année. Après une nouvelle série de succès, couronnés par la prise d'Anvers en 1585, la soumission des provinces du Sud (Belgique) est acquise.

Mais, dans les provinces du Nord, constituées en un Etat, les Provinces-Unies (plus souvent appelées Hollande), les Etats-Généraux continuent la résistance. D'autre part, Philippe II, champion du catholicisme, veut intervenir en Angleterre et en France pour faire triompher les catholiques, et Farnèse est distrait de la lutte contre les Provinces-Unies. En 1587-1588, il est forcé de préparer des troupes sur le littoral pour une descente en Angleterre qui échoue par suite du désastre de l'Invincible Armada. Il dut défendre les Ligueurs de France contre Henri III et Henri IV : il fit deux campagnes en France et mourut à Arras, le 3 décembre 1592, au moment où il en préparait une autre.

Son successeur, l'archiduc Ernest dut guerroyer contre les Hollandais et les Français ; sans talents militaires, il n'eut aucun succès ; il mourut en 1595. Après lui, Fuentès s'empara de Cambrai, le 9 octobre 1595, et l'archiduc Albert, de Calais et d'Ardres, en 1596. Le 2 mai 1598, la paix fut signée à Vervins entre la France et les Pays-Bas espagnols.

Dans l'espoir de rétablir son pouvoir dans les provinces du Nord, Philippe II eut l'idée de séparer les Pays-Bas de la couronne. Il les donna à sa fille Isabelle-Claire-Eugénie, et lui fit épouser l'archiduc Albert. Les Pays-Bas devaient être gouvernés par les archiducs, tout en restant dans une certaine dépendance de l'Espagne.

Les Hollandais continuèrent la lutte, et l'archiduc Albert ne pouvant obtenir de succès décisifs, signa avec eux, en avril 1609, une trêve de 12 ans, à Anvers : en fait, une trêve de cette durée équivalait à une paix et à la reconnaissance de leur indépendance.

Sous Albert et Isabelle, à partir de 1609, les provinces wallonnes ne connaissent plus d'ennemis, ni au Nord, ni au Sud, et peuvent réparer les maux de la guerre.

*
* *

Ces maux étaient considérables. Même après 1583, dans la châtellenie de Lille, on était toujours dans la crainte d'un coup de main des Français ou des Hollandais. En 1584, ordre est donné de faire bon guet et bonne garde ; les habitants installés à Lille depuis quatre ans seulement, doivent quitter la ville ; en 1585, on ordonne aux étrangers fixés dans la châtellenie depuis un an d'en sortir sous quinze jours ; en 1590, on fait des achats de poudre et de canons ; en 1591, on ajoute des ouvrages aux fortifications ; en 1594, on travaille de nouveau aux remparts, on les munit de canons, de lanternes ; on fait battre le blé et on le fait amener en ville.

Contrairement à ce qui a été convenu lors de la réconciliation, les troupes espagnoles n'ont pas quitté le pays. De même, un article de la réconciliation stipulait que les gouverneurs seraient indigènes. Mais si, à la mort de M. de Rassenghien, Philippe II n'osa pas, devant l'opposition générale, nommer un Espagnol, — il désigna un Français, Philippe de Récourt, baron de Licques. — il choisit, en 1593, Don Juan de Robles, baron de Billy.

Les troupes espagnoles étant insuffisantes pour défendre le pays, chaque année, jusqu'en 1605, on lève des soldats wallons. Le recrutement se fait dans les villages au son du tambourin : les racoleurs offrent des primes. Parfois, les recrues désertent et deviennent des vagabonds ; quand elles restent, elles vivent aux dépens du pays « mangeant, exactionnant et branscattant. ».

L'hiver, comme on ne se bat pas, les troupes « prennent leurs quartiers d'hiver » dans le plat pays ou dans les petites villes.

Les Etats de la Flandre wallonne et les Magistrats s'en plaignent beaucoup. Il est cependant recommandé aux soldats « de fouler le pays le moins que faire se pourra». L'ordonnance du 25 janvier 1593 est assez curieuse : les officiers ne doivent point quitter leur compagnie sans autorisation ; les soldats doivent éviter les vols, pillages, branscats ; ils doivent se contenter d'une livre et demie de pain, d'un pot de bière et d'une livre de chair par jour ; ils ne doivent demander à l'habitant « ni épicerie, ni chair de mouton, ni autres délicatesses ». Malgré les ordonnances, les soldats maraudent. Les ravages sont si fréquents qu'on finit par ne plus distinguer les troupes régulières des vagabonds ; des textes officiels parlent « des soldats, vrybuters (maraudeurs) et autres gens de guerre ». En 1594, le gouverneur ordonne de faire le guet de nuit et de jour dans le plat pays.

A Lille même, on volait beaucoup, surtout dans les églises. En 1583, Pierre Hellebaut qui a volé le Saint-Ciboire de l'église Saint-Sauveur, a la main coupée et il est brûlé vif ; en 1601, le voleur du Saint-Ciboire de l'église collégiale de Saint-Pierre est arrêté à Tournai et exécuté. Les protestants ne sont pour rien dans ces vols, pas plus que dans les profanations des cimetières.

Les suspects d'hérésie n'en étaient pas moins inquiétés. Malgré les persécutions, les idées calvinistes avaient persisté. On continue à poursuivre ; toutefois, dès 1581, il n'y a plus de condamnations à mort. En 1593, Guillaume Hangouart est condamné à une forte amende et 62 livres interdits lui appartenant sont brûlés ; en 1599, Jacques Lefebvre est condamné parce qu'on a trouvé chez lui 16 livres hérétiques ; la même année. Jean Lelièvre est banni pour cause d'hérésie.

On recherche ceux qui ont assisté aux prêches à l'époque où il s'en tenait encore aux environs de Lille, et on les condamne à des escondits, à des amendes, à la fustigation et toujours au bannissement. Il faut voir là une des causes pour lesquelles la population de Lille a diminué à cette époque.

*
* *

Des mesures curieuses sont prises pour éviter la disette. On restreint la quantité de grains qu'emploient les pâtissiers et les brasseurs. En 1594, Lille fait venir des grains du pays de Liége et du duché de Juliers. Si, par exception, la récolte est bonne, on voit aussitôt les prix diminuer considérablement : en 1587, le blé valait 48 livres la razière, en 1588, il descend à 28 livres.

Aussi, on fixe le prix maximum des denrées ainsi que les salaires des ouvriers, et les prix augmentent ou diminuent selon celui du blé. Malgré cela, le nombre des mendiants s'accroît, la Bourse générale des pauvres n'a pas assez de ressources : elle envoie mendier les enfants abandonnés dont elle a la charge. De nouveaux impôts sont créés pour subvenir à leurs besoins : impôt sur la bière, impôt sur les spectacles (c'est le début du droit des pauvres).

On crée aussi de véritables ateliers municipaux : en 1486, on emploie les pauvres gens à curer les fossés de la ville, parce que « les stils et métiers n'allaient nullement ». 1.800 travaillent entre la Porte de la Madeleine et la Porte des Reigneaux : on les paie au moyen d'une taxe sur les aisés ; mais, dit le chroniqueur Mahieu Manteau, « l'ouvrage ne s'achevait pas fort. ».

A la misère il faut ajouter la peste, attribuée, dès cette époque « à la saleté des bras de la Deûle. ». Elle prit de telles proportions qu'en août 1596, le Magistrat dut interdire la foire. Elle exerça de nouveaux ravages en 1603 et 1604.

*
* *

Malgré tout, les Lillois fréquentaient beaucoup les cabarets. Pour remédier aux inconvénients de l'ivrognerie, le Magistrat diminue le nombre des cabarets, défend de faire crédit, de prendre des objets en gage et de réclamer en justice le paiement de dettes pour boisson. Il limite les heures d'ouverture.

Une ordonnance du 6 février 1591 fixe toutes les ducasses au même jour : le quatrième dimanche après Pâques : de cette façon, les occasions de faire bombance seront moins nombreuses.

Le Carnaval est complètement interdit. Par contre, les processions sont de plus en plus fréquentes pour demander à Dieu la victoire de l'Espagne. Les principales sont celles de 1597, après la prise d'Amiens ; de 1604 après celle d'Ostende, de 1609 après la trêve d'Anvers, et surtout celle du 7 juin 1598, à l'occasion de la paix de Vervins. Il y eut des illuminations, des spectacles ; on jeta des gâteaux du haut du beffroi ; l'effigie de la guerre fut déchirée et rompue pour marquer que c'était enfin « fin de la guerre. ».

XIX

LA JOYEUSE ENTRÉE D'ALBERT ET D'ISABELLE

Albert et Isabelle. — Les préparatifs de fête. — L'entrée des archiducs ; le cortège, les théâtres et arcs de triomphe. — Le séjour d'Albert et d'Isabelle à Lille. — La carte à payer.

L'archiduc Albert, né en Allemagne en 1559, était le sixième enfant de Maximilien II et de Marie d'Autriche, fille de Charles-Quint. Il fut destiné à l'état ecclésiastique, et, à dix-huit ans reçut les insignes du cardinalat. Philippe II le nomma archevêque de Tolède et inquisiteur général. En 1583, il fut appelé au gouvernement du Portugal qu'il exerça avec sagesse et fermeté. C'est pour cela que Philippe II songea à lui pour remplacer dans les Pays-Bas l'archiduc Ernest. Il quitta l'Espagne en 1596 après avoir reçu l'assurance qu'on lui fournirait les troupes et l'argent nécessaires ; il avait trente-sept ans.

Après la paix de Vervins, Philippe II renonça à ses droits sur les Pays-Bas, en faveur de sa fille, Isabelle-Claire-Eugénie, et il pensa à l'unir avec Albert. L'archiduc fut relevé de ses vœux et autorisé par le pape : le mariage s'accomplit à Ferrare, en présence du pape.

A défaut d'enfant issu du mariage, les Pays-Bas devaient faire retour à l'Espagne. Cette clause pouvait passer pour un calcul. L'infante, qui avait quarante ans, était extrêmement austère ; l'archiduc observerait probablement les vœux de chasteté qu'il avait prononcés. L'hypothèse qu'ils n'auraient pas d'enfants avait cours à cette époque.

Le 5 septembre 1599, les « deux archiducs », comme on appelle Albert et Isabelle, entrent à Bruxelles ; en février 1600, ils font à Lille leur « joyeuse entrée ».

Albert y était déjà venu en octobre 1597 avec Philippe de Nassau, et il y avait eu des réjouissances que Mahieu Manteau raconte à la date du 26 octobre 1597. L'archiduc était entré par la porte des Malades « accoustré en cardinal » ; il avait été salué de deux cents coups de canon. Sur deux théâtres, l'un au coin de la rue du Molinel, l'autre au coin de la rue du Marché ; les écoliers des Pères Jésuites avaient joué deux jeux. Le lendemain, l'archiduc avait entendu la messe à Saint-Pierre et était reparti par la porte de Courtrai.

Les fêtes de février 1600 furent beaucoup plus belles : la paix avec la France était faite et la séparation d'avec l'Espagne était accomplie.

*
* *

L'échevinage avait résolu de suivre le plan de Floris Van der Haer, trésorier et chanoine de la collégiale, qui consistait à représenter sur des théâtres en plein air les principaux épisodes de l'histoire de Lille. Le Magistrat lui confia la haute direction de la fête et lui adjoignit Jehan Mahieu, capitaine d'une des compagnies bourgeoises. Des vers latins et français, des compliments, des chronogrammes furent préparés pour en couvrir les arcs de triomphe : ils contiennent l'histoire abrégée de Lille, et on y sent percer à chaque instant la satisfaction de la paix.

La maison d'Autriche y est portée aux nues. Sa gloire

Est de la Deûle avant jusqu'au Gange estendue

Albert et Isabelle sont comparés au soleil et à la lune. Les libertés et franchises dues à la maison de Flandre sont rappelées.

Le maître des œuvres, Jehan Fayet, fut chargé de diriger les constructions ; les peintres les plus habiles, Philippe de Vincq, Philippe Mesque, Jaspart Marcq, ornèrent les théâtres et les arcs de triomphe, dessinèrent les costumes et cherchèrent ceux qui leur parurent les plus propres à figurer les personnages qu'on voulait représenter.

Les directeurs des « belles et sottes compagnies » furent chargés de veiller à l'installation des décorations. Tailleurs et brodeurs travaillèrent dans le damas, le velours et le drap d'or. A partir du 27 janvier, des ordonnances de police enjoignent de se préparer, de nettoyer, de prendre toutes précautions pour loger les chevaux et la suite des archiducs, de faire sa provision pour les feux de joie : il y aura des prix accordés aux plus beaux.

Le samedi 5 février eût lieu la joyeuse entrée. Le baron de Billy, gouverneur de la Flandre wallonne, accompagné des députés des villes, de la noblesse et du clergé, des baillis des quatre hauts-justiciers alla au-devant des archiducs jusqu'à Halluin. Là avaient été rassemblés 5 à 6.000 paysans qui devaient recevoir Leurs Altesses par des arquebusades.

Vers midi, Albert et Isabelle arrivèrent dans un coche tiré par six chevaux blancs. Le gouverneur fit les « compliments et congratulations » et le cortège se dirigea vers Lille.

A Bondues, il rencontre les quatre confréries lilloises : archers, arbalétriers, canonniers et tireurs d'armes, ainsi que six des compagnies bourgeoises.

A la Croix des Poissonniers « sur la fin du riez de la Magdeleine » attendait le Magistrat, à cheval, avec le héraut de l'Epinette, les sergents des échevins, le maître des œuvres.

Maître Denis le Guillebert, premier conseiller pensionnaire, souhaita la bienvenue aux archiducs, le Rewart Waleran d'Hangouart, présenta les clefs de la ville.

On suivit les remparts jusqu'à la Porte des Malades, où le cortège prit un instant de repos. Il gelait à pierre fendre. Leurs Altesses se chauffèrent et prirent une collation.

Puis, elles montèrent sur « deux chevaux blancs richement accoutrés et parés » et entrèrent dans la ville. Douze gentilshommes s'avancèrent, portant un baldaquin « ou poisle de damas » aux couleurs et armes de la ville, rouge et blanc, sous lequel baldaquin se mirent Leurs Altesses. Soixante bourgeois en robes fourrées de noir, tenant chacun une torche enflammée marchèrent devant le cortège.

Les rues étaient ornées de tapisseries et

de peintures, et illuminées. Les théâtres et les arcs de triomphe étaient nombreux. Il ne nous est pas possible d'entrer dans le détail qui nous est fourni par un manuscrit illustré de la Bibliothèque municipale.

Parmi les scènes de l'histoire locale représentées sur ces théâtres, citons le combat de Lydéric et de Phinaert, au pont de Fins « du côté du marché au filet ». Au fronton de ce théâtre étaient les vers suivants :

Vertu, noble vertu que grandes sont tes forces,
Quand un cœur est épris de tes vives amours !
Tu fais que Lydéric, ce magnanime prince,
L'honneur de cette ville, aussi de la province !
Mit vaillamment à mort, d'un très généreux dard,
Sur le pont dit de Fin. le grand voleur Phinaert.
Tu fais que le désert, qui, de brigands fourmille,
Par ce tien champion se convertit en ville,
Que de ces meurtriers les tanières bien amples,
Par sa grande piété se changent en beaux temples.

Après avoir parcouru la ville, Leurs Altesses se retirèrent au Palais Rihour, et le Magistrat donna à souper à leur suite, à la Halle échevinale. « Le tout se passa en allégresse, et quasi toute la nuit, en ébattements et feux de joie et artifices, sans aucun désordre. »

Le lendemain, dimanche 6 février, après la messe à l'église Saint-Pierre, sur un théâtre monumental dressé devant la Halle échevinale et tendu de drap rouge cramoisi parsemé de fleurs de lys d'argent « chose magnifique et belle à voir », eut lieu la prestation du serment traditionnel. « Les hérauts de L. A. ruèrent au peuple plusieurs poignées d'or et d'argent. » Puis, le rewart et plusieurs échevins furent armés chevaliers par l'archiduc Albert.

Leurs Altesses, vers une heure, se mirent à table et « ceux du Magistrat » eurent l'honneur de les regarder manger. L'après-midi, les écoliers des Pères Jésuites jouèrent une bucolique devant Albert et Isabelle. Les membres des Etats de la Flandre wallonne firent à Leurs Altesses un présent de 30.000 florins. Le lundi 7, le Magistrat leur offrit six coupes d'or fin d'une valeur de 24.000 livres et Leurs Altesses firent un pèlerinage à Loos. « Le mardi 8 dudit mois, entre dix et onze heures, L. A. montèrent en coche tiré par six chevaux bais, et s'acheminèrent par la rue des Malades, vers Tournai. »

*
* *

La carte à payer était lourde. Le Magistrat s'était montré extrêmement large ; il avait fait de très nombreux cadeaux à la suite de Leurs Altesses, depuis Richardot, président du Conseil d'Etat, qui reçut 1.500 florins, jusqu'aux douze laquais qui touchèrent ensemble deux cents livres, au total, dix mille livres ; il avait fait de nombreux présents de vin, à M. de Billy, aux ambassadeurs d'Angleterre et d'Espagne, à l'amiral d'Aragon, au prince d'Orange... Les organisateurs et les poètes ne furent pas oubliés. Le Magistrat fit solder chez tous les hôteliers et cabaretiers de Lille les dépenses faites par les seigneurs et les gens de la suite des archiducs.

Il en coûta bien à la ville 80.000 livres. De nouveaux impôts sur les bières, vins et indigo furent levés pendant six ans.

XX

LILLE VERS 1600

Résumé de l'Histoire de Lille depuis 1482.— La situation vers 1600 : la décadence n'est pas complète ; l'enceinte de la ville ; les différents quartiers ; la Halle échevinale. — Les projets d'agrandissement et leur réalisation.

Dans l'histoire de Lille au XVIe siècle, on peut distinguer trois grandes périodes. La première est celle de la minorité de Philippe le Beau; c'est le prolongement de la période bourguignonne. Les grandes communes flamandes se soulèvent et les Français attaquent les Pays-Bas. Les Lillois voudraient bien rester neutres, mais ils sont entraînés dans la lutte, L'agriculture, le commerce, l'industrie en subissent les conséquences.

La seconde va de 1494 à 1560. Sous Philippe le Beau et Marguerite d'Autriche, on répare les désastres. L'industrie et le commerce renaissent. A partir de 1521, commence la rivalité de François Ier et de Charles-Quint, mais Lille n'a pas trop à souffrir ; les hostilités n'ont pas la Flandre pour théâtre. La population s'accroît. En 1566, Lille, compte 40.000 habitants ; pour l'époque, c'est une très grande ville.

Selon GUICHARDIN, Lille est une belle et riche ville... la principale des Pays-Bas, après Anvers et Amsterdam. Mais cette prospérité va être interrompue par les troubles religieux, particulièrement sous Philippe II.

Alors commence la troisième période. Le Magistrat applique avec zèle, les placards contre les hérétiques ; il s'en suit une émigration, surtout pendant le gouvernement du duc d'Albe. La révolte des iconoclastes qui a ravagé la Flandre wallonne est suivie d'une répression impitoyable. Puis, par ses mesures financières, le duc d'Albe provoque une insurrection générale et les Lillois s'unissent aux autres villes, contre les soldats espagnols par la Pacification de Gand. Il semble que toutes les provinces des Pays-Bas vont se soustraire à la domination espagnole; mais la question religieuse amène une scission : les provinces du Nord veulent faire prévaloir le calvinisme, celles du Sud. le catholicisme. Par haine des protestants et de la tolérance, Lille se réconcilie avec l'Espagne. Elle est alors tout à fait catholique; tous ceux qui sont suspects d'hérésie. ont été bannis ; après 1579, on chasse encore de Lille plus de 350 personnes, pour leurs sentiments religieux.

Naturellement, les troubles religieux ont amené le déclin de la prospérité : le commerce est interrompu, l'industrie périclite. La population a diminué ; ainsi, en 1617, alors qu'il y a déjà un relèvement sensible, Lille ne compte que 32.604 habitants.

Toutefois, s'il y a un recul certain dans le développement de la ville, Lille est encore relativement prospère, comme le montrent les produits de certains impôts et l'aspect matériel de la ville.

*
* *

Nous savons, par le compte de 1595, que cette année-là, il s'est vendu chez les cabaretiers 3686 hectolitres de vin, 18.581 rondelles de bière.

Il s'est vendu sur le marché,pour 1.480.000 livres de têtes de gros bétail : veaux, bœufs et moutons, et pour 149.280 livres de pourceaux.

Il a été fabriqué 206.872 pièces de «changeants», pour plus de 2 millions de livres de draps et de « baicques ».

De plus, en 1600, quand le Magistrat fait une émission de rentes pour solder les frais de la « joyeuse entrée » des archiduc, en quelques jours, trente-sept personnes en achètent pour 100.000 livres.

Suivons l'enceinte de la ville. De la porte Saint-Pierre; le rempart se dirigeait vers la rue Marais et coupait la rue d'Angleterre à l'angle de la rue Marais; puis, il suivait la rue d'Angleterre et se dirigeait vers la porte de la Barre (le nom de la rue des Fossés-Neufs indique son emplacement) ; au delà de la porte de la Barre, le rempart aboutissait à la place de l'Arbalète (place de l'Arsenal), puis par la rue actuelle de l'Hôpital-Militaire, il contournait le Palais Rihour (le nom de la rue des Fossés rappelle son emplacement) ; il coupait ensuite la rue de Béthune à la hauteur de la rue des Molfonds (dont le nom conserve aussi le souvenir des fossés), et venait aboutir à la porte du Molinel (entre les rues de l'A-B-C et d'Amiens); de là, il se dirigeait vers la porte des Malades (porte de Paris), puis vers la porte Saint-Sauveur; il suivait alors la limite actuelle jusqu'à la porte de Fives (au bout de la rue de Fives); puis, longeant le couvent de l'Abbiette (rue de Tournai); il aboutissait à la porte des Reigneaux, et de cette porte, à la porte de Courtrai (à l'extrêmité de la rue Saint-Jacques); au delà, c'était la fortification extérieure de l'ancien château de Courtrai, puis par l'îlot du Gard (rue du Gard), on atteignait la porte Saint-Pierre.

L'enceinte était coupée de tours à machicoulis, rasées au niveau des remparts, remplies de terre pour permettre d'y installer des canons; les différentes portes fortifiées, entre deux tours massives à toit aigu, étaient ornées de statues de Notre-Dame, du Christ, de Saint-Jean, etc.

Pénétrons à l'intérieur.La paroisse Saint-Etienne, autour du marché, était la plus peuplée. Sur le marché, il n'y avait que l'hôtel Beauregard et quelques boutiques de changeurs. Sur le pourtour se trouvait la Halle échevinale ; la façade venait d'être modifiée sur les plans de Jean Fayet. Le Magistrat avait cherché asile pendant les travaux dans les bâtiments de l'ancien château de Courtrai, du 14 mai 1493 au 8 mai 1495; les travaux coûtèrent 100.000 livres, dont plus de 2000 pour les vitraux, et 3000 pour les peintures décoratives. En 1600, l'édifice offrait donc une façade nouvelle, enluminée de peintures et étincelante de dorures.

La Halle avait encore son vieux beffroi, très curieux. En 1565 le beffroi n'ayant pas de carillon, la ville avait passé marché avec Jehan Heudebert et Antoine Prévost, pour une horloge nouvelle et dix-neuf cloches. Mais le poids des cloches compromit la solidité de l'édifice, et en 1601, il fallut démolir la partie supérieure du beffroi ; l'horloge et le carillon furent alors transférés dans la tour de l'église Saint-Etienne, la bancloque et la cloche des ouvriers, à l'église Saint-Maurice.

Sur l'emplacement de la Bourse, était la Fontaine au Change; la Chapelle des Ardents était entre la Fontaine au Change et la Halle; le pilori, entre la Chapelle et la Halle. Du côté de l'Est, sur l'emplacement du nouveau théâtre, se trouvaient les prisons et le Poids du roi. Sur l'emplacement du marché Saint-Nicolas, étaient les nouvelles boucheries, bâties en 1550, avec, comme façade, trois pignons à pas de moineau.

Le Palais-Rihour appelé cour de l'Empereur ou cour du Roi, montrait sa porte richement ornée et la balustrade qui courait le long de la façade.

De l'autre côté du marché, c'était l'église Saint-Etienne. Jehan Ruffaud avait fait bâtir au-dessus de la sépulture des siens, une chapelle à Notre-Dame de Lorette. Au milieu du parvis, à l'entrée de la rue Esquermoise, s'élevait une colonne de granit, appelée la Croix Saint-Etienne ou la Fleur-de-Lys.

Le couvent des Récollets se trouvait à l'angle de la rue des Arts et de la rue des Fleurs; celui des Dominicains, rue Basse, sur l'emplacement de l'hôpital des Grimarets; l'hôtel de la Chambre des Comptes,rue Esquermoise. A l'intersection des rues Esquermoise, Royale et de la Barre, se trouvait la croix Sainte-Catherine.

La paroisse Saint-Sauveur, la plus pauvre, était assez habitée ; elle comptait 7113 habitants en 1617 (la paroisse Saint-Etienne 9700, la paroisse Saint-Maurice 9188).

C'était le quartier des tisseurs, sayetteurs et bourgeteurs. Les principaux monuments étaient l'église, l'hôpital, la couvent de l'Abbiette (rue de Tournai), et, presque en face, depuis la démolition du château de Courtrai, l'hôtel du gouverneur (imprimerie Lefebvre-Ducrocq).

Dans la paroisse Saint-Maurice, se trouvaient le nouveau couvent des Capucins (au fond de la rue des Capucins), les refuges des abbayes de Phalempin et de Cysoing ; le cloître Sainte-Claire, le collège des Jésuites, l'hospice Saint-Jean (Gantois),l'hospital Saint-Nicaise. L'église Saint-Maurice était séparée de la rue des Malades (rue de Paris), par un pâté de maisons.

La paroisse Sainte-Catherine, la moins étendue, était la seule qui avait vu sa population s'accroître ; en 1617, elle comptait 4042 habitants.

La paroisse Saint-Pierre était la moins peuplée : 2552 habitants. Le palais de la Salle n'existait plus, mais il y avait toujours l'hôpital Comtesse, la chapelle Saint-Michel, le Puy Doré et surtout la Collégiale et ses dépendances.

Depuis longtemps, il était question d'agrandir la ville. En 1541, Jean Paquier, est chargé d'un plan « pour adviser à l'agrandissement »; en 1556, le maître des œuvres de la ville dresse de nouveaux plans, mais les troubles religieux en retardent l'exécution. Il y eut, toutefois, un agrandissement intérieur, par la démolition du château de Courtrai, dont la chapelle devint plus tard l'église paroissiale de La Madeleine.

En 1597-98, Mathieu Bauli.. dresse un projet nouveau, mais il ne sera exécuté qu'au début du XVIIe siècle.

*
* *

Dans le cours de l'an prochain, M. de Saint-Léger continuera l'histoire politique de Lille jusqu'à la réunion à la France, en 1667, et étudiera la vie politique, économique, sociale, artistique, etc., pendant les périodes autrichienne et espagnole, de 1482 à 1667.

TABLE DES CHAPITRES

INTRODUCTION : Lille vers 1482........... 3

CHAPITRE I. — Lille sous Philippe le Beau. — La guerre de Maximilien contre les Français. 9

CHAPITRE II. — Lille sous Philippe le Beau. — La lutte de Maximilien contre les communes flamandes et contre la France............... 15

CHAPITRE III. — Lille de 1494 à 1521...... 21

CHAPITRE IV. — Lille pendant la guerre contre la France, de 1521 à 1529................. 27

CHAPITRE V. — Lille pendant la guerre contre la France, de 1529 à 1559.. 33

CHAPITRE VI. — La Réforme sous Charles Quint........... 39

CHAPITRE VII. — La Réforme sous Charles Quint (*suite*)........... 45

CHAPITRE VIII. — La Réforme au début du règne de Philippe II.... 51

CHAPITRE IX. — La Réforme à Lille de 1561 à 1566.................. 57

CHAPITRE X. — L'opposition politique et la guerre des iconoclastes. 63

CHAPITRE XI. — La Réforme au temps de Philippe II.— La répression sous Marguerite de Parme 69

CHAPITRE XII. — La répression sous le duc d'Albe................ 75

CHAPITRE XIII. — L'insurrection sous le duc d'Albe................ 81

CHAPITRE XIV. — Le gouvernement de don Luis de Requesen 87

CHAPITRE XV. — Lille se sépare des patriotes 93

CHAPITRE XVI. — La réconciliation avec l'Espagne.............. 99

CHAPITRE XVII. — Les Hurlus de Menin et de Tournai contre Lille. 105

CHAPITRE XVIII. — Lille, de 1583 à la fin de la guerre 113

CHAPITRE XIX. — La joyeuse entrée d'Albert et d'Isabelle.......... 119

CHAPITRE XX. — Lille vers 1600......... 125

IMPRIMERIE
G. DUBAR & Cie
8, Grande-Place
LILLE

www.ingramcontent.com/pod-product-compliance
Ingram Content Group UK Ltd.
Pitfield, Milton Keynes, MK11 3LW, UK
UKHW020152200726
13856UKWH00003B/966

9 782013 063876